U0535421

人文传统经典

论语通译

徐志刚 译注

人民文学出版社

图书在版编目（CIP）数据

论语通译/徐志刚译注．—北京：人民文学出版社，2021
（人文传统经典）
ISBN 978-7-02-011654-6

Ⅰ.①论… Ⅱ.①徐… Ⅲ.①儒家②《论语》—译文 Ⅳ.①B222.24

中国版本图书馆 CIP 数据核字（2016）第 111200 号

责任编辑　葛云波
装帧设计　陶　雷
责任印制　任　祎

出版发行　人民文学出版社
社　　址　北京市朝内大街 166 号
邮政编码　100705

印　　刷　三河市鑫金马印装有限公司
经　　销　全国新华书店等

字　　数　171 千字
开　　本　880 毫米×1230 毫米　1/32
印　　张　9.25　插页 2
印　　数　1—8000
版　　次　1997 年 12 月北京第 1 版
印　　次　2021 年 4 月第 1 次印刷

书　　号　978-7-02-011654-6
定　　价　40.00 元

如有印装质量问题，请与本社图书销售中心调换。电话:010-65233595

目　　录

前言 ·· *1*

学而篇第一 ··· *1*
为政篇第二 ··· *10*
八佾篇第三 ··· *22*
里仁篇第四 ··· *38*
公冶长篇第五 ······································ *49*
雍也篇第六 ··· *66*
述而篇第七 ··· *82*
泰伯篇第八 ··· *100*
子罕篇第九 ··· *112*
乡党篇第十 ··· *128*
先进篇第十一 ······································ *144*
颜渊篇第十二 ······································ *161*
子路篇第十三 ······································ *175*
宪问篇第十四 ······································ *191*
卫灵公篇第十五 ··································· *215*
季氏篇第十六 ······································ *233*
阳货篇第十七 ······································ *244*
微子篇第十八 ······································ *260*

子张篇第十九 …………………………………… 269
尧曰篇第二十 …………………………………… 281

前　　言

　　孔子(前551—前479)是我国历史上伟大的思想家、教育家,儒家学派的创始人。他对我国古代文化的整理、研究和传播,他的思想和学说,为中国文化乃至世界文明,做出了不朽贡献。联合国教科文组织把他列为世界十大历史名人之一,由此可见他在世界文明史中的地位。

　　孔子,名丘,字仲尼,春秋后期鲁国鄹邑(今山东曲阜东南鄹城)人。孔子的祖先本是殷商后裔。周灭殷后,周成王封商纣王的庶兄微子启于宋,建都商丘(今河南商丘一带)。微子启死后,其弟微仲继位。微仲即孔子的先祖。

　　微仲的四世孙弗父何,也就是孔子的十一世祖,本该继位为宋公,却让位给了弟弟。从此,弗父何的后裔不再继承王位,而被封为卿,世代承袭,其采邑为栗(今河南夏邑)。自弗父何后五代传至孔子的六世祖孔父嘉。从此,他的后世子孙开始以孔为姓。这便是孔姓的起源。孔父嘉传三世至孔防叔。孔防叔是孔子的曾祖,为避宋国内乱,迁到鲁国定居。孔子的父亲叔梁纥是鲁国有名的武士,曾任鄹邑大夫,故又称"鄹叔纥"。叔梁纥先娶施氏,生九女而无子。其妾生有一子名孟皮,但因有足疾,亦不宜继嗣。叔梁纥遂于晚年再娶年轻女子颜徵在,生孔子。据说孔子刚出生时,头顶的中间凹下;又因颜氏曾去尼丘(一名尼山,在曲阜东南)向神明祈祷,然后才怀了孕,所以,父母给孔子起名为丘,字仲尼。"仲"是排行第二的意思。孔子约三岁时,叔梁纥病故,颜氏带他离开鄹邑,到国都曲阜的阙里居住,当时家境相当贫苦。

孔子自幼聪明好学,童年时游戏,就常摆各种祭器,仿效大人们祭祀时的礼仪动作。十一岁时,曾跟鲁太师学习周礼。到二十岁时,已掌握了很多文化知识,有"博学好礼"的美誉。二十岁左右,颜氏去世。这一时期,孔子做过"相礼",从事"儒"这一职业。"儒"本是古代从巫史祝卜中分化出来的一种社会职业。从事这一职业的,都是有一定文化礼乐知识的人,专为贵族人家"相礼",主持婚丧祭祀。后又做过"委吏"(仓库管理人员)、"乘田"(管理牧场牛羊),还做过贵族季氏家的史官。因为孔子曾做过"儒",后来又成为著名学者,所以,由他创立的学派便称为"儒家"。

公元前517年,孔子三十五岁,鲁国发生内乱,他去齐国做了贵族高昭子的家臣。经高推荐,齐景公曾向孔子咨询过治国的道理。几年后,齐国大夫中有人想害孔子,他遂离齐返鲁。当时的鲁国,贵族之间互相夺权争利,政治紊乱。孔子不愿任官职,便居家专心研究、整理《诗》、《书》、《礼》、《乐》、《易》等文化典籍。同时开坛设教,广收弟子,努力兴办教育事业。

孔子五十一岁时,被鲁定公任为中都(邑名,在今山东汶上西)宰,掌管一地的行政事务,颇有政绩。一年后任司空,主管建筑工程。又升任大司寇,主管司法两年。五十六岁时代理宰相,兼管外交事务。孔子执政时,将扰乱政事的大夫少正卯杀掉,以严肃法纪;整顿社会秩序,使百姓各守礼法,路不拾遗,四方来客都得到照顾。孔子虽才代理宰相三个月,就把鲁国治理得有声有色。齐国见孔子主政,担心鲁国强盛了会对齐国造成威胁,便设法加以破坏。于是,挑选女乐80人,良马120匹,华车30辆,送给鲁君。鲁国国君接受了齐国的馈赠,沉湎于女乐,只有孔安国为之作注，并无传授。至西汉末，经学博士、被汉成帝封为安昌侯的张禹（？—前5）以《鲁论语》为定篇目的根据，融合《齐论语》而为《张侯论》。东汉灵帝熹平四年（175），由蔡邕（132—192）手写六经，刻石立于太学前的所谓"熹平石经"（现存西安碑林），《论语》经文就是用的《张侯论》。后世流传至今的《论语》版本，基本上是东汉经学大师郑玄（127—220）以《张侯论》为底本，参照《古文论语》加以整理而成的。

关于《论语》的注疏，历代都有学者在作。著名的有东汉郑玄的《论语注》，三国魏何晏的《论语集解》，南朝梁皇侃的《论语义疏》，唐代陆德明的《经典释文》，宋代邢昺的《论语注疏》、朱熹的《四书章句集注》，清代朱彝尊的《经义考》、刘宝楠的《论语正义》，近代杨树达的《论语疏证》等。其中刘宝楠的《论语正义》能破除门户之见，详采各家之说，并融进自己的研究心得，是世所公认的学术价值较高的一种。本书即以此书为底本。

我自幼学读《论语》，早有夙愿，要写出一部译意准确、注释简明、语言流畅、文字通俗的《论语》译本。蒙人民文学出版社大力支持，今已付梓。既久怀弘扬之志，当广求批评之言。自料本书或有谬误、不当之处，恳请专家读者不吝赐教，批评指正。

徐志刚
于济南大学

学而篇第一
（共十六章）

主要讲"务本"的道理,引导初学者入"道德之门"。

1.1　子曰[1]:"学而时习之,不亦说乎[2]! 有朋自远方来,不亦乐乎! 人不知而不愠[3],不亦君子乎!"

【今译】

孔子说:"学习了而时常温习,不也高兴吗! 有朋友从远方来,不也快乐吗! 别人不了解我,我并不怨恨,不也是君子吗!"

【注释】

〔1〕子:古代,对有地位、有学问、有道德修养的人,尊称为"子"。这里是尊称孔子。

〔2〕说(yuè月):同"悦",高兴,喜悦。

〔3〕愠(yùn运):怨恨,恼怒。

1.2　有子曰[1]:"其为人也孝弟[2],而好犯上者,鲜矣[3];不好犯上,而好作乱者,未之有也。君子务本,本立而道生。孝弟也者,其为仁之本与[4]。"

【今译】

有子说:"做人,孝顺父母,尊敬兄长,而喜好冒犯长辈和上级的,是很少见的;不喜好冒犯长辈和上级,而喜好造反作乱的人,是没有的。君子要致力于根本,根本确立了,治国、做人的原则就产生了。所谓'孝''悌',可为'仁'的根本吧。"

【注释】

〔1〕有子:鲁国人,姓有,名若,字子有。孔子的弟子。比孔子小三十三岁,生于公元前518年,卒年不详。另说,比孔子小十三岁。后世,有若的弟子也尊称有若为"子",故称"有子"。

〔2〕弟(tì替):同"悌"。弟弟善事兄长,称"悌"。

〔3〕鲜(xiǎn 显):少。

〔4〕与:同"欤"。语气词。

1.3　子曰:"巧言令色[1],鲜矣仁。"

【今译】

孔子说:"花言巧语,一副和气善良的脸色,这种人是很少有仁德的。"

【注释】

〔1〕令色:面色和善。这里指以恭维的态度讨好别人。

1.4　曾子曰[1]:"吾日三省吾身[2]:为人谋而不忠乎? 与朋友交而不信乎? 传不习乎[3]?"

【今译】

曾子说:"我每天多次检查反省自己:为别人出主意做事情,是否忠实呢? 和朋友交往,是否真诚讲信用呢? 对老师所传授的知识,是否复习了呢?"

【注释】

〔1〕曾(zēng 增)子:姓曾,名参(shēn 身),字子舆。曾皙之子。鲁国南武城(在今山东省枣庄市附近)人。孔子的弟子。比孔子小四十六岁,生于公元前505年,卒于公元前435年。其弟子也尊称曾参为"子"。

〔2〕省(xǐng 醒):检查反省自己。

〔3〕传:老师传授的知识、学问。孔子教学,有"六艺":礼,乐,射,御,书,数。

1.5 子曰:"道千乘之国〔1〕,敬事而信,节用而爱人,使民以时。"

【今译】

孔子说:"治理拥有一千辆兵车的诸侯国,要严肃慎重、专心认真办理国家的政事,又严守信用;节约财政开支,又爱护部下和人民;按照农时的忙闲去役使人民。"

【注释】

〔1〕道:同"导"。领导,治理。乘(shèng 胜):古代称四匹马拉的一辆车为"一乘"。古代军队使用兵车,每辆兵车用四匹马拉,车上有身着盔甲的士兵三人,车下跟随有步兵七十二人,另有相应的后勤人员二十五人,因此,所谓"一乘"的实际兵力就是一百人,并非单指四匹马拉一辆车。按规定,"八百家出车一乘"。古代衡量一个诸侯国的大小强弱,就是看它拥有多少兵车,所谓"千乘之国","万乘之尊"。

1.6 子曰:"弟子,入则孝,出则弟〔1〕,谨而信,泛爱众而亲仁。行有余力,则以学文。"

【今译】

孔子说:"孩子们,在家要孝顺父母,出门要尊敬兄长,做人

3

言行要谨慎讲信用,广泛地与众人友爱,亲近有仁德的人。这样做了还有余力,就要用来学习各种文化知识。"

【注释】

〔1〕出:外出,出门。一说,离开自己住的房屋。弟:同"悌"。尊敬兄长。

1.7 子夏曰[1]:"贤贤易色[2];事父母,能竭其力;事君,能致其身[3];与朋友交,言而有信。虽曰未学,吾必谓之学矣。"

【今译】

子夏说:"尊重有贤德的人,而看轻貌美的女色;事奉父母,能尽力而为;为君主做事,能有献身精神;和朋友交往,说话诚实能讲信用。这样的人即使是说没学习过什么,我也一定要说他是学习过了。"

【注释】

〔1〕子夏:姓卜,名商,字子夏。孔子的弟子。比孔子小四十四岁,生于公元前507年,卒年不详。

〔2〕贤贤:第一个"贤"做动词用,表示敬重,尊崇;第二个"贤"是名词,即"圣贤"的"贤",指有道德有学问的高尚的人。易:轻视,不看重。一说,"易"释为"移",移好色之心而好贤德。

〔3〕致:做出奉献。

1.8 子曰:"君子不重则不威,学则不固[1]。主忠信。无友不如己者[2]。过则无惮改[3]。"

【今译】

孔子说:"君子〔举止〕不庄重,就没有威严,〔态度〕不庄重,学习的知识学问就不巩固。做人主要讲求忠诚,守信用。不要同不如自己的人交朋友。如果有了过错,就不要害怕改正。"

【注释】

〔1〕固:巩固,牢固。一说,固执,闭塞不通。

〔2〕无:同"毋"。不要。友:做动词用。交朋友。

〔3〕过:错误,过失。惮(dàn旦):怕。

1.9 曾子曰:"慎终〔1〕,追远〔2〕,民德归厚矣。"

【今译】

曾子说:"要谨慎地办理好丧事,虔诚地追祭祖先,〔这样做了,〕人民的道德就会归复忠厚老实。"

【注释】

〔1〕终:寿终,指父母去世。

〔2〕远:远祖,祖先。

1.10 子禽问于子贡曰〔1〕:"夫子至于是邦也〔2〕,必闻其政,求之与,抑与之与〔3〕?"子贡曰:"夫子温、良、恭、俭、让以得之。夫子之求之也,其诸异乎人之求之与〔4〕?"

【今译】

子禽问子贡:"我们老师每到一个诸侯国,一定会了解那一国的政事,是他自己求来的呢,还是别人主动告诉他的呢?"子贡说:"老师是靠温和、善良、恭敬、俭朴、谦让来了解政事的。〔也可以说是求来的,但是,〕老师求得的方法,大概与别人求得的方法不相同吧?"

5

【注释】

〔1〕子禽:姓陈,名亢(kàng 抗),字子禽。一说,即原亢。陈国人。孔子的弟子(一说,不是孔子的弟子)。子贡:姓端木,名赐,字子贡。卫国人。孔子的弟子。比孔子小三十一岁,生于公元前 520 年,卒年不详。

〔2〕夫子:孔子的弟子敬称孔子。古代凡做过大夫官职的人,可称"夫子"(孔子曾任鲁国司寇)。邦:诸侯国。

〔3〕抑与之与:"抑",连词,表示选择,"还是……"。"与之",给他。最后的"与",同"欤",语气词。

〔4〕其诸:或者,大概。

1.11　子曰:"父在,观其志;父没,观其行,三年无改于父之道〔1〕,可谓孝矣。"

【今译】

孔子说:"〔看一个人,〕当他父亲在世的时候,要看他的志向;父亲死后,要考察他的行为,如果三年都不改变他父亲所坚持的准则,这样的人可以说是做到了孝。"

【注释】

〔1〕三年:按照周礼的规定,父亲死后,儿子要守孝三年。这里也可指一段较长的时间,或多年以后。

1.12　有子曰:"礼之用〔1〕,和为贵。先王之道〔2〕,斯为美。小大由之。有所不行,知和而和,不以礼节之〔3〕,亦不可行也。"

【今译】

有子说:"礼的应用,以〔遇事做到〕和谐为可贵。古代贤王治理国家的方法,可贵之处就在于此。小事大事,都依着这个原则。如果有的地方行不通,只知道为和谐而和谐,不用礼来调节和约束,那也是不可以的。"

【注释】

〔1〕礼:指周礼。周代先王留下的仪礼制度。
〔2〕先王:指周文王等古代的贤王。
〔3〕节:节制,约束。

1.13 有子曰:"信近于义〔1〕,言可复也〔2〕。恭近于礼,远耻辱也〔3〕。因不失其亲〔4〕,亦可宗也〔5〕。"

【今译】

有子说:"讲信用,要符合于义;这种符合于义的信约诺言,才能去实践、兑现。恭敬,要符合于礼,〔这样做,〕就能避免耻辱。所依靠的,应当是亲近自己的人,〔只有这些人〕才是可尊崇而靠得住的。"

【注释】

〔1〕近:符合,接近。义:合理的,有道理的,符合于周礼的。
〔2〕复:实践,实行。
〔3〕远:避免,免去。
〔4〕因:依靠,凭借。
〔5〕宗:尊奉,尊崇,可靠。

1.14 子曰:"君子食无求饱,居无求安,敏于事而慎于言,就有道而正焉〔1〕,可谓好学也已。"

【今译】

孔子说:"君子吃饭不追求饱足,居住不追求享受安逸,做事勤快敏捷,说话小心谨慎,向有道德的人看齐,时时改正自己的缺点错误,〔这样做,〕就可以说是一个好学的人了。"

【注释】

〔1〕就:靠近,接近。

1.15 子贡曰:"贫而无谄,富而无骄,何如?"子曰:"可也,未若贫而乐[1],富而好礼者也。"子贡曰:"《诗》云:'如切如磋,如琢如磨。'[2]其斯之谓与?"子曰:"赐也,始可与言《诗》已矣,告诸往而知来者[3]。"

【今译】

子贡说:"贫穷而不去巴结奉承,富裕而不骄傲自大,〔这种人〕怎么样呢?"孔子说:"也算可以了,〔但是,〕还不如贫穷仍然快快乐乐,富裕而爱好礼义的人。"子贡说:"《诗经》说:'要像加工骨头、牛角、象牙、玉石一样,经过切磋琢磨〔才能成为精美的器物〕。'就是讲的这个意思吧?"孔子说:"端木赐呀,我可以开始同你谈论《诗经》了。告诉你已经发生的事,你就可以知道未来的事。"

【注释】

〔1〕贫而乐:《史记·仲尼弟子列传》引、唐石经、日本所传高丽本、足利本等皆作"贫而乐道",与"富而好礼"相对。可参。

〔2〕"如切"句:出自《诗经·卫风·淇奥》篇。"切",古代把骨头加工成器物,叫切。"磋(cuō搓)",把象牙加工成器物。"琢(zhuó浊)",雕刻玉石,做成器物。"磨",把石头加工成器物。

〔3〕"告诸"句:"诸","之于"的合音。"往",已发生的事,已知的事。"来",尚未发生的事,未知的事。这里孔子是夸子贡能举一反三。

8

1.16 子曰:"不患人之不己知[1],患不知人也。"

【今译】

孔子说:"不怕别人不了解自己〔的长处好处〕,怕的是自己不了解别人〔的好歹〕。"

【注释】

〔1〕不己知:"不知己"的倒装句。"知",了解,理解。

为政篇第二
（共二十四章）

主要讲治理国家的道理和方法。

2.1 子曰:"为政以德,譬如北辰[1],居其所而众星共之[2]。"

【今译】

孔子说:"[国君]治理国家,用道德教化来推行政治,就像北极星一样,处于它一定的方位上,而群星都环绕在它的周围。"

【注释】

〔1〕北辰:北极星。距地球约782光年。由于太远,从地球上看它似乎不动,实际仍在高速运转。

〔2〕共:同"拱"。环绕。

2.2 子曰:"《诗》三百,一言以蔽之[1],曰:'思无邪[2]。'"

【今译】

孔子说:"《诗经》三百[零五]篇,用一句话来概括[它的全部内容],可以说是:'思想纯正,没有邪恶的东西。'"

【注释】

〔1〕 蔽(bì 毕):概括,包盖。

〔2〕 思无邪:原出《诗经·鲁颂·駉》篇。孔子借用这句话来评论《诗经》。

2.3 子曰:"道之以政[1],齐之以刑[2],民免而无耻[3];道之以德,齐之以礼,有耻且格[4]。"

【今译】

孔子说:"用行政命令来治理,用刑法来处罚,人民虽然能避免犯罪,但还不是从心里知道〔犯罪〕是可耻的;用道德教化来治理,用礼来约束,人民就会有羞耻之心,而且会〔自觉地〕改过。"

【注释】

〔1〕 道:同"导"。治理,引导。

〔2〕 齐:整治,约束,统一。

〔3〕 免:避免,指避免犯错误。无耻:做了坏事,心里不知羞耻;没有(或缺乏)羞耻之心。

〔4〕 格:正,纠正。

2.4 子曰:"吾十有五而志于学[1],三十而立,四十而不惑,五十而知天命[2],六十而耳顺,七十而从心所欲,不逾矩。"

【今译】

孔子说:"我十五岁时开始立志学习;三十岁时能自立于世;四十岁时遇事就不迷惑;五十岁时懂得了什么是天命;六十

岁时能听得进不同的意见；到了七十岁时才能达到随心所欲，想怎么做便怎么做，也不会超出规矩。"

【注释】

〔1〕有：同"又"。表示相加。"十有五"，即十加五，十五岁。

〔2〕天命：这里的"天命"含有上天的意旨、自然的禀赋与天性、人生的道义和职责等多重含义。

2.5 孟懿子问孝[1]，子曰："无违。"樊迟御[2]，子告之曰："孟孙问孝于我，我对曰：'无违。'"樊迟曰："何谓也？"子曰："生，事之以礼；死，葬之以礼，祭之以礼。"

【今译】

孟懿子问怎样做是孝，孔子说："不违背〔周礼〕。"樊迟为孔子赶马车，孔子对他说："孟孙氏问我怎样做是孝，我回答他：'不违背〔周礼〕。'"樊迟说："是什么意思呢？"孔子说："〔父母〕在世时，按周礼侍奉他们；去世了，要按周礼为他们办丧事，按周礼祭祀他们。"

【注释】

〔1〕孟懿（yì 意）子：姓仲孙，亦即孟孙，名何忌，"懿"是谥号。鲁国大夫。与叔孙氏、季孙氏共同把执鲁国朝政。他的父亲孟僖子临终时嘱咐他要向孔子学礼。

〔2〕樊（fán 凡）迟：姓樊，名须，字子迟。孔子的弟子。曾与冉（rǎn 染）求一起为季康子做事。生于公元前515年，卒年不详，比孔子小三十六岁。御：赶车，驾车。

2.6 孟武伯问孝[1]。子曰："父母，唯其疾之忧[2]。"

【今译】

孟武伯问怎样做是孝。孔子说:"对父母,要特别担忧他们的疾病。"

【注释】

〔1〕孟武伯:姓仲孙,名彘(zhì 志)。是前一章提到的孟懿子的儿子。"武"是谥号。

〔2〕其:代词,指父母。此句意思是:唯忧父母疾。一说,"其",指子女。"疾",指品德行为上的毛病。意思是:父母唯忧其疾。做父母的就是担心子女的品行不好。所以,孝顺父母,就要自己品德好,不要使父母担忧。另说,"其"指子女,"疾"指疾病。"言父母爱子之心,无所不至,惟恐其有疾病,常以为忧也。人子体此,而以父母之心为心,则凡所以守其身者,自不容于不谨矣。"(朱熹《四书集注》)

2.7 子游问孝[1],子曰:"今之孝者,是谓能养。至于犬马,皆能有养。不敬,何以别乎?"

【今译】

子游问怎样做是孝,孔子说:"现在所谓孝顺,总说能够奉养父母就可以了。〔但这却是很不够的,因为〕对狗对马,也都能做到饲养它。如果对父母〔只做到奉养〕而不诚心孝敬的话,那和饲养狗马有什么区别呢?"

【注释】

〔1〕子游:姓言,名偃(yǎn 演),字子游。吴国人。生于公元前506年,卒年不详。孔子的弟子。比孔子小四十五岁。

2.8 子夏问孝,子曰:"色难[1]。有事,弟子服其劳[2];有酒食,先生馔[3],曾是以为孝乎[4]?"

【今译】

　　子夏问怎样做是孝,孔子说:"〔对父母〕和颜悦色,是最难的。〔如果仅仅做到〕有了事,孩子为父母去做;有了酒饭,让父母吃,〔但是,子女的脸色却很难看,〕难道能算是孝吗?"

【注释】

　　〔1〕色:脸色。指和颜悦色;心里敬爱父母,脸面上好看。
　　〔2〕弟子:晚辈。指儿女。
　　〔3〕先生:长辈。指父母。馔(zhuàn 赚):吃喝。
　　〔4〕曾(zēng 增):副词。难道。是:代词。此,这个。

2.9　子曰:"吾与回言终日[1],不违,如愚。退而省其私[2],亦足以发,回也不愚。"

【今译】

　　孔子说:"我给颜回讲学问一整天,他都不提不同的意见,好像是很愚笨。〔可是,〕课后我考察他私下里的言行,发现他对我所讲的课能充分发挥,颜回并不是愚笨的。"

【注释】

　　〔1〕回:姓颜,名回,字子渊,又称颜渊。鲁国人。生于公元前521年(一说,公元前511年),卒于公元前480年。是孔子早年最忠实的弟子,被孔子器重、厚爱。比孔子小三十(一说四十)岁。
　　〔2〕省(xǐng 醒):观察,考察。

2.10　子曰:"视其所以[1],观其所由[2],察其所安。人焉廋哉[3]?人焉廋哉?"

【今译】

孔子说:"〔了解人,要〕看他言行的动机,观察他所采取的方法,考察他安心于做什么。〔这样去了解,〕人怎么能隐瞒得了呢?人怎么能隐瞒得了呢?"

【注释】

〔1〕以:根据,原因,言行的动机。一说,"以",通"与"。引申为与谁,同谁,结交什么样的朋友。

〔2〕由:经由,走的道路。指为达到目的而采用的方式方法。

〔3〕焉:代词,表疑问。哪里,怎么。廋(sōu 搜):隐藏,隐瞒。

2.11 子曰:"温故而知新[1],可以为师矣。"

【今译】

孔子说:"时时温习已经学过的知识,由此就能获取新的更深的知识,这样就可以为人师表了。"

【注释】

〔1〕故:旧的,原先的。

2.12 子曰:"君子不器[1]。"

【今译】

孔子说:"君子不要像器具一样〔只有固定的某一方面的用处〕。"

【注释】

〔1〕器:器具,只有一种固定用途的东西。比喻人只具备一种知识,一种才能,一种技艺。

2.13　子贡问君子[1],子曰:"先行其言而后从之。"

【今译】

　　子贡问怎样做才是君子,孔子说:"在说之前,先去实行,然后再按照做了的去说。"

【注释】

　　[1]君子:古代有学问有道德有作为的人,人格高尚的人,或有官职、地位高的人都可称"君子"。

2.14　子曰:"君子周而不比[1],小人比而不周[2]。"

【今译】

　　孔子说:"君子能〔在道义上〕团结人但不〔以私情而〕互相勾结;小人善于拉拢勾结而不〔在道义上〕团结人。"

【注释】

　　[1]周:同周围的人相处得很好,合群,团结。比(bì 毕):本义是并列,挨着。在这里有贬义:为私情而勾结,拉帮结伙,结党营私。

　　[2]小人:不正派、不道德、人格卑鄙的人。古代也称地位低的人。

2.15　子曰:"学而不思则罔[1],思而不学则殆[2]。"

【今译】

　　孔子说:"学习了而不深入思考,就会迷惑;〔但〕只是去空想而不去学习,那就危险了。"

【注释】

　　[1]思:思考,思维。罔(wǎng 网):同"惘"。迷惑,昏而无得。一说,欺罔,蒙蔽,受骗。另说,"罔",即无,无所得。

〔2〕殆(dài代):危险。一说,没有信心。

2.16 子曰:"攻乎异端[1],斯害也已[2]。"

【今译】

孔子说:"去攻读钻研邪说,那就有害了。"

【注释】

〔1〕攻:指学习攻读,专治,钻研。一说,攻击。异端:不同的学说、主张。

〔2〕斯:代词。这,那。已:语气词,表慨叹,相当"矣"。一说,停止,完毕。则此章的意思是:攻击那些邪说,祸害就没有了。

2.17 子曰:"由[1],诲女[2],知之乎？知之为知之,不知为不知,是知也[3]。"

【今译】

孔子说:"仲由,我教导你的〔知识〕,知道了吗？知道就是知道,不知道就是不知道,这种态度才是明智的。"

【注释】

〔1〕由:姓仲,名由,字子路,又字季路。鲁国卞(今山东省平邑县东北)人。是孔子早年的弟子。长期跟随孔子,是忠实的警卫。曾做季康子的家臣,后死于卫国内乱。生于公元前542年,卒于公元前480年,比孔子小九岁。

〔2〕诲(huì会):教导,教育,诱导。女:同"汝"。你。

〔3〕知:前五个"知"字,是知道,了解,懂得。最后"是知也"的"知",同"智"。明智,聪明,真知。之:代词。指孔子所讲授的知识、学问。

17

2.18 子张学干禄[1]。子曰:"多闻阙疑[2],慎言其馀,则寡尤[3];多见阙殆,慎行其馀,则寡悔。言寡尤,行寡悔,禄在其中矣。"

【今译】

子张学习如何谋求做官。孔子说:"要多听〔各种意见〕,把觉得可怀疑的地方避开,谨慎地说出其馀的,这样就能少犯错误;要多看〔各种情况〕,把觉得有危险的事情避开,谨慎地去做其馀的,这样就能减少后悔。说话少出错,做事少后悔,谋求官职的机会就在其中了。"

【注释】

〔1〕子张:姓颛(zhuān 专)孙,名师,字子张。陈国人。孔子晚年的弟子,比孔子小四十八岁。生于公元前 503 年,卒年不详。干禄:求仕,谋求做官。"干",求,谋。"禄",官吏的俸禄,官职。

〔2〕阙:空,缺,有所保留。

〔3〕寡:少。尤:过错,错误。

2.19 哀公问曰[1]:"何为则民服[2]?"孔子对曰:"举直错诸枉[3],则民服;举枉错诸直,则民不服。"

【今译】

鲁哀公问:"怎样做才能使人民服从呢?"孔子回答说:"选拔正直的人,安排的位置在邪恶的人之上,人民便服了;选拔邪恶的人,安排的位置在正直的人之上,人民就不服了。"

【注释】

〔1〕哀公:鲁国鲁定公的儿子,姓姬,名蒋。"哀"是死后的谥号。在位二十七年(自公元前 494 年至公元前 466 年)。

〔2〕何为:怎样做,做什么。

〔3〕举:选拔,推举。直:正直的、正派的人。错:同"措",放置,安排。一说,废置,舍弃。诸:"之于"的合音。枉:不正直、不正派、邪恶的人。

2.20 季康子问[1]:"使民敬,忠以劝[2],如之何?"子曰:"临之以庄[3],则敬;孝慈,则忠;举善而教不能,则劝。"

【今译】

季康子问:"要使人民对我尊敬,对我忠实而又努力干,应该如何办呢?"孔子说:"你要用庄重严肃的态度来对待,人民就会尊敬你;你〔倡导〕对父母孝顺,对众人慈爱,他们就会忠实于你;你选拔任用善良优秀的人,又教育那些能力差的人,人民就会互相勉励而努力干了。"

【注释】

〔1〕季康子:姓季孙,名肥。"康"是谥号。"子",是尊称。鲁哀公时,任正卿(宰相),政治上最有势力。

〔2〕以:连词。而。劝:努力,勤勉。

〔3〕临:对待。

2.21 或谓孔子曰[1]:"子奚不为政[2]?"子曰:"《书》云[3]:'孝乎惟孝,友于兄弟,施于有政[4]。'是亦为政,奚其为为政[5]?"

【今译】

有人对孔子说:"你为什么不参与政治呢?"孔子说:"《尚

书》里有句话说：'孝啊就是孝敬父母,并以友爱的态度对待兄弟。倡导孝悌的道理推广到政治方面。'这也算是参与了政治,为什么非做官才算是参与政治呢?"

【注释】

〔1〕或:代词。有人。

〔2〕奚:疑问词。何,怎么。

〔3〕书:指《尚书》。是商周时期的政治文告和历史资料的汇编。孔子在这里引用的三句,见于伪古文《尚书·君陈》篇。

〔4〕施:推广,延及,影响于。有:助词,无意义。

〔5〕"奚其"句:"奚",为什么。"其",代词,指做官。"为",是。"为政",参与政治。鲁定公初年,孔子没有出来做官,所以,有人疑其不为政。

2.22 子曰:"人而无信[1],不知其可也。大车无輗[2],小车无軏[3],其何以行之哉[4]?"

【今译】

孔子说:"人不讲信用,真不知道怎么可以呢!〔就好比〕大车上没有輗,小车上没有軏,它靠什么行走呢?"

【注释】

〔1〕信:讲信用,说了算数。

〔2〕輗(ní 尼):古代大车(用牛拉,以载重)车辕前面横木上揳嵌的起关联固定作用的木销子(榫头)。

〔3〕軏(yuè 月):古代小车(用马拉,以载人)车辕前面横木上揳嵌的起关联固定作用的木销子(榫头)。

〔4〕何以:以何,用什么,靠什么。

2.23 子张问:"十世可知也[1]?"子曰:"殷因于夏礼[2],所损益[3],可知也;周因于殷礼,所损益,可知

20

也;其或继周者,虽百世,可知也。"

【今译】

子张问:"往后十个朝代〔礼法制度〕的事,可以知道吗?"孔子说:"商朝继承了夏朝的礼制,所减少的和增加的,是可以知道的;周朝又继承了商朝的礼制,所减少的和增加的,可以知道;将来如有继承周朝的〔礼法制度,其基本内容不过增增减减〕,即使传下一百代之久,也是可以知道的。"

【注释】

〔1〕世:古时称三十年为一世。这里指朝代。

〔2〕殷:就是商朝。商朝传至盘庚(商汤王的第九代孙),从奄(今山东省曲阜市)迁都于殷(今河南省安阳县西北),遂称殷。商是国名,殷是国都之名。因:因袭、沿袭。礼:指整个仪礼制度,是规范社会行为的法则、规范、仪式的总称。

〔3〕损益:减少和增加。

2.24 子曰:"非其鬼而祭之[1],谄也。见义不为,无勇也。"

【今译】

孔子说:"不是自己的祖先却去祭祀它,就是谄媚。遇到符合正义的事而不去做,就是没有勇气。"

【注释】

〔1〕鬼:这里指死去的祖先。

八佾篇第三

（共二十六章）

主要记孔子论礼乐之事。

3.1　孔子谓季氏[1]，八佾舞于庭[2]，是可忍也，孰不可忍也[3]？

【今译】

孔子谈论季氏，说他在家庙的庭院里居然冒用了八佾规格的乐舞，这种事如果可以容忍，那还有什么不可以容忍的事呢？

【注释】

〔1〕季氏：鲁国正卿季孙氏。此指季平子，即季孙意如。一说，季桓子。

〔2〕八佾："佾（yì意）"，行，列。特指古代奏乐舞蹈的行列。一佾，是八个人的行列；八佾，就是八八六十四个人。按周礼规定，天子的乐舞，才可用八佾。诸侯，用六佾；卿、大夫，用四佾；士，用二佾。按季氏的官职，只有用四佾的资格，但他擅自僭（jiàn剑。超越本分）用了天子乐舞规格的八佾，这是不可饶恕的越轨行为。

〔3〕"是可"句："忍"，容忍。"孰"，疑问代词。什么。一说，"忍"，忍心。则这两句的意思是：这样的事他都忍心做出来，什么事他不忍心做呢？

3.2　三家者[1]，以《雍》彻[2]。子曰："'相维辟公,天子穆穆[3]',奚取于三家之堂[4]?"

【今译】

孟孙氏、叔孙氏、季孙氏这三家,在桓公庙祭祖完毕时,让乐工唱着《雍》诗,来撤掉祭品。孔子说:"〔《雍》诗上说:〕'协助祭祀的是四方诸侯,天子才是庄严肃穆的主祭者。'为什么在你三家祭祖的庙堂上却用了唱《雍》诗的仪式?"

【注释】

〔1〕三家:春秋后期掌握鲁国政权的三家贵族:孟孙氏(即仲孙氏),叔孙氏、季孙氏。他们是鲁桓公之子仲庆父(亦称孟氏)、叔牙、季友的后裔,又称"三桓"。在这三家中,以季孙氏势力最大。他们自恃有政治经济的实力,所以经常有越轨周礼的行为,多次受到孔子的批判。

〔2〕雍:《诗经·周颂》中的一篇。古代,天子祭祀宗庙的仪式举行完毕后,在撤去祭品收拾礼器的时候,专门唱这首诗。亦作"雝"。彻:同"撤"。撤除,拿掉。

〔3〕"相维"句:《诗经·周颂·雍》中的句子。"相(xiàng向)",本指协助,帮助。这里指傧相,助祭者。"维",助词,没有意义。"辟(bì毕)",本指君王。这里的"辟公",指诸侯。"穆穆",庄严肃静。形容至美至敬。

〔4〕奚:何,怎么,为什么。堂:祭祀先祖或接待宾客的庙堂。

3.3 子曰:"人而不仁,如礼何[1]?人而不仁,如乐何?"

【今译】

孔子说:"一个人不讲仁德,如何对待礼呢?一个人不讲仁德,如何对待乐呢?"

【注释】

〔1〕如礼何:"如……何"是古代常用句式,当中一般插入代词、名词

23

或其他词语,意思是"把(对)……怎么样(怎么办)"。

3.4 林放问礼之本[1]。子曰:"大哉问!礼,与其奢也[2],宁俭;丧,与其易也[3],宁戚[4]。"

【今译】

林放问礼的根本是什么。孔子说:"意义重大啊,你提的问题。从礼节仪式来说,与其奢侈,不如节俭;从治办丧事来说,与其在仪式上搞得很隆重而完备周到,不如心里真正悲哀地悼念死者。"

【注释】

〔1〕林放:姓林,名放,字子上。鲁国人。一说,孔子的弟子。

〔2〕与其:连词。在比较两件事的利害得失而决定取舍的时候,"与其"用在放弃的一面。后面常用"毋宁"、"不如"、"宁"相呼应。

〔3〕易:本义是把土地整治得平坦。在这里指周到地治办丧葬的礼节仪式。

〔4〕戚:心中悲哀。

3.5 子曰:"夷狄之有君[1],不如诸夏之亡也[2]。"

【今译】

孔子说:"夷狄虽有君主〔却没有礼仪〕,还不如中原诸国没有君主〔却保留着礼仪〕好呢。"

【注释】

〔1〕夷:我国古代东方少数民族。狄:我国古代北方少数民族。

〔2〕诸夏:当时中原黄河流域华夏族居住的各个诸侯国。亡:同"无"。鲁国的昭公、哀公,都曾逃往国外,形成某一时期内鲁国无国君的现象。由此,孔子发出感叹。

3.6 季氏旅于泰山[1]。子谓冉有曰[2]:"女弗能救与[3]?"对曰:"不能。"子曰:"呜呼!曾谓泰山不如林放乎[4]?"

【今译】

季氏去祭祀泰山。孔子对冉有说:"你不能劝阻吗?"冉有回答说:"不能。"孔子说:"啊呀!莫非说泰山之神还不如鲁国人林放〔知道礼〕吗?"

【注释】

〔1〕旅:古代,祭祀山川叫"旅"。泰山:在今山东省泰安市。按周礼规定,天子才有资格祭祀天下名山大川,诸侯只有资格祭祀在其封地境内的名山大川。季康子不过是鲁国的大夫,却去祭祀泰山,这是越礼行为。

〔2〕冉有:姓冉,名求,字子有,也称冉有。鲁国人,仲弓之族。孔子的弟子,比孔子小二十九岁,生于公元前522年,卒年不详。冉有当时是季康子的家臣。

〔3〕女:同"汝"。你。弗:不。救:补救,劝阻,设法匡正。与:同"欤"。语气词。

〔4〕曾:副词。莫非,难道,竟然。

3.7 子曰:"君子无所争。必也射乎[1]!揖让而升[2],下而饮。其争也君子。"

【今译】

孔子说:"君子之间没有可争的事。〔如果有争,〕那一定是射箭比赛吧!〔就算是射箭相争,也是〕互相作揖,谦让,然后登堂;〔射箭比赛完了〕走下堂来,又互相敬酒。这种争,就是君子之争。"

【注释】

〔1〕射:本是射箭。此指射礼——按周礼所规定的射箭比赛。有四种:一、大射(天子、诸侯、卿、大夫,选属下善射之士而升进使用)。二、宾射(贵族之间,朝见聘会时用)。三、燕射(贵族平时娱乐之用)。四、乡射(民间习射艺)。

〔2〕揖:作揖。拱手行礼,以表尊敬。

3.8 子夏问曰:"'巧笑倩兮[1],美目盼兮[2],素以为绚兮[3]。'何谓也?"子曰:"绘事后素[4]。"曰:"礼后乎?"子曰:"起予者商也[5]!始可与言《诗》已矣。"

【今译】

子夏问道:"'美好的笑容真好看啊,美丽的眼睛黑白分明眼珠转啊,粉白的脸庞着色化妆绚丽多彩好打扮啊。'是什么意思呢?"孔子说:"先有了白地子,然后才画上画。"〔子夏〕又问:"〔这使我想到,〕礼节仪式是不是在〔仁德之〕后呢?"孔子说:"能阐明我的意思的是你卜商呀!现在开始可以同你谈论《诗》了。"

【注释】

〔1〕巧笑:美好的笑容。倩(qiàn欠):指笑时面容格外妍美,笑容好看。兮:助词。啊,呀。

〔2〕盼:眼珠黑白分明,转动灵活。

〔3〕绚:有文彩,绚丽多彩。"巧笑"二句,见《诗经·卫风·硕人》篇。"素以为绚兮",不见于现在通行的《毛诗》,可能是佚句。

〔4〕绘事后素:"绘事",画画。"后",后于,在……之后。"素",白地子。意思说:画画总是先有个白地子,然后才能画。一说,女子先用素

26

粉敷面,然后才用胭脂、青黛等着色,打扮得漂亮。

〔5〕起:发挥,阐明。予:我。商:卜商,即子夏。

3.9 子曰:"夏礼,吾能言之,杞不足征也〔1〕;殷礼,吾能言之,宋不足征也〔2〕。文献不足故也〔3〕。足,则吾能征之矣。"

【今译】

孔子说:"夏朝的礼,我能说出来,〔但是,夏的后代〕杞国〔现在施行的礼仪〕却不足以作为考证的证明;殷代的礼,我能说出来,〔但是,殷的后代〕宋国〔现在施行的礼仪〕却不足以作为考证的证明。因为文字资料不足,熟悉夏礼、殷礼的贤人也不多。如果'文''献'足够的话,我就能用它来作考证的证明了。"

【注释】

〔1〕杞(qǐ起):古国,现在河南省杞县一带。杞国的君主是夏朝禹的后代。征:证明,引以为证。说,征,成,成礼。

〔2〕宋:古国,现在河南省商丘市南部一带。宋国的君主是商朝汤的后代。

〔3〕文:指历史文字资料。献:指贤人。古代,朝廷称德才兼备的贤人为"献臣"。又,郑玄注"文献"为"文章贤才"(礼法制度与才能)。

3.10 子曰:"禘自既灌而往者〔1〕,吾不欲观之矣〔2〕。"

【今译】

孔子说:"举行禘祭的典礼时,从第一次的献酒之后,我就不愿看下去了。"

【注释】

〔1〕禘(dì地)：古代只有天子才可以举行的祭祀祖先的隆重典礼。既：已经。灌：禘礼初始即举行的献酒降神仪式。古代祭祀祖先，一般用活人坐在灵位前象征受祭者(这个人叫"尸")。煮香草为"郁"，合黍酿成气味芬芳的一种酒"郁鬯(chàng唱)"。将"郁鬯"献于"尸"前，使其闻一闻酒的香气而并不饮用，然后将酒浇在地上。这整个过程就叫"灌"。

〔2〕不欲观：不愿看，看不下去了。鲁国是周公旦的封地。据《礼记》记载，周公死后，他的侄儿周成王(姬诵)为了追念周公辅佐治国的伟大功勋，特许周公的后代在祭祀时举行最高规格的"禘礼"。但这毕竟是不合礼的。而且，一般在经过"灌"的仪式以后，鲁国的君臣往往也都表现懈怠而无诚意了。所以，孔子说了"不欲观"的话。

3.11 或问禘之说。子曰："不知也[1]。知其说者之于天下也，其如示诸斯乎[2]！"指其掌。

【今译】

有人问起举行"禘祭"的来由道理。孔子说："不知道。能懂这种道理的人治理天下，会像把东西摆在这里一样吧！"〔孔子一面说，一面〕指着自己的手掌。

【注释】

〔1〕不知也：孔子对鲁国"禘祭"不满，所以，他故意避讳，说不知道"禘祭"的道理。

〔2〕"其如"句："示"，同"置"。摆，放。"诸"，"之于"的合音。"斯"，这。指手掌。这句话的意思是：像把东西摆在掌中一样明白而容易。一说，"示"，同"视"。

3.12 祭如在，祭神如神在。子曰："吾不与祭[1]，如不祭。"

【今译】

　　祭祀祖先就如同祖先真在那里,祭祀神就如同神真在那里。孔子说:"我如果不亲自参加祭祀,〔而由别人代祭,〕那就如同不祭祀一样。"

【注释】

　　〔1〕与:参与,参预,参加。

3.13　王孙贾问曰[1]:"与其媚于奥[2],宁媚于灶[3]。何谓也?"子曰:"不然。获罪于天,无所祷也。"

【今译】

　　王孙贾问:"〔人们说〕与其奉承奥神,不如奉承灶神。这话怎么讲?"孔子说:"不是那样。如果得罪了天,向谁祈祷都是没有用的。"

【注释】

　　〔1〕王孙贾:卫灵公时卫国的大夫,有实权。

　　〔2〕媚:谄媚,巴结。奥:本义指室内的西南角。这里指屋内西南角的神。古时尊长居西南,所以奥神的地位应比灶神尊贵些。

　　〔3〕灶:本义为炉灶,用来烹煮食物或烧水。从夏代就以灶为神,称"灶君",为"五祀之一",即老百姓所说的"灶王爷"。旧俗,阴历腊月二十三(或二十四)日,烧纸马,供奉饴糖,送灶神上天,谓之"送灶";腊月三十日(除夕),又来迎回来,谓之"迎灶"。灶神地位虽较低,但上可通天,决定人的祸福,故当时人们的俗话才说"宁媚于灶":祭祀神明时首先要奉承巴结的是灶神。

3.14　子曰:"周监于二代[1],郁郁乎文哉[2]!吾从周。"

29

【今译】

孔子说:"周代〔政治礼乐制度等〕是借鉴于夏商两代〔而发展演变建立起来的〕,多么丰盛啊!我遵从周代〔的一切〕。"

【注释】

〔1〕监:通"鉴"。本义是镜子。引申为照,考察,可以作为警戒或引为教训的事。在这里是借鉴于前代的意思。二代:指夏、商两个朝代。

〔2〕郁郁:原意是草木丰盛茂密的样子,也指香气浓厚。这里指繁盛,丰富多彩,文采显著。

3.15 子入太庙[1],每事问。或曰:"孰谓鄹人之子知礼乎[2]?入太庙,每事问。"子闻之,曰:"是礼也。"

【今译】

孔子进入太庙〔助祭〕,对每件事都询问。有人说:"谁说鄹邑人的儿子知道礼呢?进入太庙,每件事都要问一问。"孔子听到,说:"这样做,就是礼啊。"

【注释】

〔1〕太庙:古代指供奉祭祀君主祖先的庙。开国的君主叫太祖,太祖的庙叫太庙。因为周公(姬旦)是鲁国最初受封的君主,所以,当时鲁国的太庙,就是周公庙。

〔2〕孰谓:谁说。鄹(zōu 邹):又写为"陬","郰"。春秋时鲁国的邑名,在今山东省曲阜市东南一带。孔子的父亲叔梁纥(hé 和)在鄹邑做过大夫。"鄹人",指叔梁纥。"鄹人之子",即指孔子。

3.16 子曰:"射不主皮[1],为力不同科[2],古之道也。"

【今译】

孔子说:"〔在举行射礼比赛时,〕射箭主要不在于射穿那皮靶子,因为各个人的力气大小有所不同,自古以来就是这个道理。"

【注释】

〔1〕射不主皮:"射",射箭。周代仪礼制度中有专门为演习礼乐而举行的射箭比赛,称"射礼"。这里的"射"即指此。"皮",指用兽皮做成的箭靶子。古代,箭靶子叫"侯",用布做或用皮做。《仪礼·乡射礼》:"礼射不主皮。"射礼比赛,射箭应当以是否"中的"为主,而不在于用力去射,把皮靶子穿透。这与作战比武的"军射"不同。那是提倡用力射的,有"射甲彻七札(穿透甲革七层)"之说。

〔2〕力:指每个人天生的力气。科:指等级,类别。

3.17 子贡欲去告朔之饩羊[1]。子曰:"赐也!尔爱其羊[2],我爱其礼。"

【今译】

子贡主张要把"告朔"时祭祖庙的那头饩羊去掉。孔子说:"端木赐呀!你爱惜的是那头羊,我爱惜的却是那种礼仪。"

【注释】

〔1〕告朔:阴历的每月初一,叫"朔"。古代制度,诸侯在每月的初一来到祖庙,杀一只活羊举行祭礼,表示每月"听政"的开始,叫"告朔"。其实,在当时的鲁国,君主已不亲自到祖庙去举行"告朔"礼了。饩(xì戏):活的牲畜。

〔2〕尔:代词。你。

3.18 子曰:"事君尽礼[1],人以为谄也[2]。"

【今译】

孔子说:"事奉君主,完全按照周礼的规定,别人却以为这样做是〔对君主〕谄媚。"

【注释】

〔1〕事:事奉,服务于。

〔2〕谄(chǎn产):谄媚,用卑贱的态度向人讨好,奉承。

3.19 定公问[1]:"君使臣[2],臣事君,如之何[3]?"孔子对曰:"君使臣以礼,臣事君以忠。"

【今译】

鲁定公问:"君主使用臣,臣事奉君主,应当怎样呢?"孔子回答:"君主使用臣应当以礼相待,臣事奉君主应当以忠诚相待。"

【注释】

〔1〕定公:鲁国的君主,姓姬,名宋,谥号"定"。襄公之子,昭公之弟,继昭公而立。在位十五年(公元前509—前495)。鲁定公时,孔子担任过司寇,代理过宰相。鲁定公的哥哥昭公,曾被贵族季氏赶出国外。因此,鲁定公询问孔子,如何正确处理君臣关系,以维持政权。

〔2〕使:使用。

〔3〕如之何:如何,怎样。"之"是虚词。

3.20 子曰:"《关雎》乐而不淫[1],哀而不伤。"

【今译】

孔子说:"《关雎》篇,〔它的主题表现了〕快乐,而不放荡;忧愁,而不悲伤。"

【注释】

〔1〕关雎(jū居):《诗经》第一篇的篇名。因它的首句是"关关雎鸠,在河之洲。"故名。"雎鸠",是古代所说的一种水鸟。"关关",是雎鸠的鸣叫声。这是一首爱情诗。古代也用这首诗作为对婚礼的祝贺词。

淫:放纵,放荡,过分。

3.21 哀公问社于宰我[1]。宰我对曰:"夏后氏以松[2],殷人以柏,周人以栗,曰:使民战栗[3]。"子闻之,曰:"成事不说,遂事不谏[4],既往不咎[5]。"

【今译】

鲁哀公问宰我,祭祀土地神的神主〔要用什么木料做牌位〕。宰我回答:"夏朝人用松树,商朝用柏树,周朝用栗子树。〔用栗的意思是〕说:让老百姓战栗。"孔子听了以后,〔批评宰我〕说:"已经做过的事不用再说了,已经完成的事不必再劝谏了,已经过去的事不要再去责备追究了。"

【注释】

〔1〕社:土地神。这里指的是制作代表土地神的木头牌位。宰我:姓宰,名予,字子我。又称宰予。鲁国人。孔子早年的弟子。

〔2〕夏后氏:本是部落名。相传禹是部落领袖。禹的儿子启,建立了我国历史上第一个朝代——夏朝。后世指夏朝的人,就称"夏后氏"。以:用。松:古人以为神要凭借某种东西才能来享受人对神的祭祀,而把这种所凭借的东西称为"神主"(木制的牌位)。夏代人用松木做土地神的神主。一说,是指栽树以作祭祀。夏代人居住在河东(今山西省西南部),山野适宜栽松树;殷代人居住在北亳(今河南省商丘市以北),山野适宜栽柏树;周代人,居住在酆镐(fēng hào风浩)(今陕西省西安市西北、西南一带),山野适宜栽栗树。

〔3〕战栗:因害怕而发抖,哆嗦。这里,宰我"让老百姓战栗"的解释有牵强之处,孔子不满。

〔4〕遂:已经完成,成功。谏(jiàn见):规劝,使改正错误。

〔5〕咎(jiù旧):责备。

3.22　子曰:"管仲之器小哉[1]!"或曰:"管仲俭乎?"曰:"管氏有三归[2],官事不摄[3],焉得俭[4]?""然则管仲知礼乎?"曰:"邦君树塞门[5],管氏亦树塞门。邦君为两君之好,有反坫[6],管氏亦有反坫。管氏而知礼,孰不知礼?"

【今译】

孔子说:"管仲的器量小啊!"有人问:"管仲节俭吗?"〔孔子〕说:"管仲家收取老百姓大量的市租,为他家管事的官员也是一人一职而不兼任,哪能说是节俭呢?"〔那人又问:〕"那么,管仲知礼吗?"〔孔子〕说:"国君在宫殿大门前树立一道影壁短墙,管仲家门口也树立影壁短墙。国君设宴招待别国的君主,举行友好会见时,在堂上专门设置献过酒后放空杯子的土台,管仲家也设置这样的土台。若说管仲知礼,那谁算不知礼呢?"

【注释】

〔1〕管仲:姓管,名夷吾,字仲。一名管敬仲。齐国姬姓之后人。颍(yīng影)上(今安徽省西北部,淮河北岸,颍河下游)人。生年不详,卒于公元前645年。春秋初期有名的政治家。帮助齐桓公以"尊王攘夷"相号召,使桓公成为春秋时诸侯中第一个霸主。孔子与管仲的政见不一致,对管仲违背周礼的某些做法,孔子进行了批评。器:气量,度量,胸襟。

〔2〕有三归:指管仲将照例归公的市租据为己有。"三归",指市租。

〔3〕摄:兼任,兼职。当时,大夫的家臣,都是一人常兼数事。而管仲却是设许多管事的家臣,一人一事一职。

〔4〕焉得:怎么可以,哪能算是。

〔5〕邦君:诸侯,国君。树:树立,建立。塞门:"塞",遮蔽。古代,天子和诸侯,在宫殿大门口筑上一道短墙作为遮蔽物,以区别内外。也称"萧墙",相当于后世所说的"照壁"、"影壁"。天子的塞门在大门之外,诸

侯的塞门在大门之内。

〔6〕反坫:"坫(diàn 电)",古代设于堂中,供祭祀或宴会时放礼器和酒具的土台子。反坫,是诸侯宴会时的一种礼节。指君主招待别国国君,举行友好会见,献过酒之后,把空杯子放回坫上。

3.23 子语鲁大师乐〔1〕,曰:"乐其可知也:始作,翕如也〔2〕;从之〔3〕,纯如也〔4〕,皦如也〔5〕,绎如也〔6〕,以成。"

【今译】

孔子对鲁国的乐官谈演奏音乐,说:"奏乐的道理是可以知道的:开始时合奏和谐协调;乐曲展开以后,很美好,节奏分明,又连绵不断,直到乐曲演奏终了。"

【注释】

〔1〕语:动词。对……说。大师:"大",同"太"。"大师",就是"太师",是国家主管音乐的官。

〔2〕翕(xī 西):和顺,协调。一说,兴奋,热烈。

〔3〕从:通"纵"。放纵,展开。

〔4〕纯:美好,善,佳。

〔5〕皦(jiǎo 饺):明亮,清晰,音节分明。

〔6〕绎(yì 意):连续,连绵不断。

3.24 仪封人请见〔1〕,曰:"君子之至于斯也〔2〕,吾未尝不得见也。"从者见之〔3〕。出曰:"二三子何患于丧乎〔4〕? 天下之无道也,天将以夫子为木铎〔5〕。"

【今译】

有一位在仪地防守边界的官员,请求见孔子。他说:"凡是君子到这地方来的,我从来没有不能见的。"随从孔子的弟子领这官员去见了孔子。这官员出来以后,〔对孔子的弟子们〕说:"你们几位何必担心〔孔子〕没有官职呢?天下无道,上天必将以孔子做为发布政令的木铎。"

【注释】

〔1〕仪封人:"仪",地名,卫国的一个邑,在今河南省兰考县境内。"封",边界。仪封人,指在仪这个地方镇守边界的官员。一说,封人仪姓。孔子周游列国,到过陈(今河南省淮阳县)、蔡(今河南省上蔡县西南)一带,故能与仪地边界的官员见面。

〔2〕斯:代词。这个地方。

〔3〕从者:随从孔子的弟子。

〔4〕二三子:这里是称呼孔子弟子。"二三",表示约数,犹言"各位"。"子",对人的尊称。患:担忧,犯愁,担心。丧:失去。这里指孔子失掉官位,没有官职。孔子原为鲁国的司寇,后离鲁去卫,又去陈,政治抱负未能实现。

〔5〕木铎:"铎(duó夺)",一种金口木舌的大铜铃。古代以召集群众,下通知,宣布政教法令,或在有战事时使用。这里是以"木铎"作比喻,说孔子将能起到为国家发布政令的作用(管理天下)。

3.25 子谓《韶》[1]:"尽美矣[2],又尽善也[3]。"谓《武》[4]:"尽美矣,未尽善也。"

【今译】

孔子谈到《韶》这一乐舞说:"美极了啊,又好极了。"谈到《武》这一乐舞说:"美极了啊,还不够很好。"

【注释】

〔1〕韶(sháo勺):传说上古虞舜时的一组乐舞,也叫"大韶"。古解:"韶"就是"绍(继承)",舞乐主题表现了"舜绍尧之道德",即指虞舜通过

36

禅让继承帝位,故舞乐中有一种太和之气,可以称为"尽善"。

〔2〕美:指乐舞的艺术形式,音调声容之盛美。

〔3〕善:指乐舞的思想内容,蕴藉内涵之美。

〔4〕武:周代用于祭祀的"六舞"之一,是表现周武王战胜殷纣王的一组音乐和舞蹈,也叫"大武"。古解:武王用武除暴,为天下所乐。《诗经·周颂》中有《武》篇,为武王克殷后作,乃赞颂武王武功的乐舞歌词。孔子认为武王伐纣虽顺应天意民心,但毕竟经过征战,故说"未尽善"。

3.26 子曰:"居上不宽[1],为礼不敬[2],临丧不哀,吾何以观之哉!"

【今译】

孔子说:"居上位,待人不宽厚;举行仪礼时不恭敬;参加丧礼时不表示哀悼,我如何能看得下去呢?"

【注释】

〔1〕上:上位,高位。宽:待人宽厚,宽宏大量。

〔2〕敬:恭敬,郑重,慎重。

里仁篇第四
（共二十六章）

主要讲仁德的道理。

4.1 子曰："里仁为美[1]。择不处仁[2]，焉得知[3]？"

【今译】

孔子说："居住在有仁德的地方才是美好的。如果不选择有仁德的住处，哪能算得上是明智呢？"

【注释】

〔1〕里：邻里。周制，五家为邻，五邻（二十五家）为里。这里用作动词，居住。仁：讲仁德而又风俗淳厚的地方。一说，有仁德的人。文中的意思就是：与有仁德的人居住在一起，为邻里。

〔2〕处：居住，在一起相处。

〔3〕焉：怎么，哪里，哪能。

4.2 子曰："不仁者不可以久处约[1]，不可以长处乐[2]。仁者安仁，知者利仁[3]。"

【今译】

孔子说："没有仁德的人，不能长久过穷困生活，也不能长久过安乐生活。有仁德的人才能安心于实行仁德,有智慧的人才能善于利用仁德。"

【注释】

〔1〕约:贫困,俭约。

〔2〕乐:安乐,富裕。

〔3〕知:同"智"。

4.3 子曰:"唯仁者能好人[1],能恶人[2]。"

【今译】

孔子说:"只有有仁德的人,才能〔公正得当的〕喜爱某人,憎恨某人。"

【注释】

〔1〕好(hào号):喜爱,喜欢。

〔2〕恶(wù务):厌恶,讨厌。

4.4 子曰:"苟志于仁矣[1],无恶也[2]。"

【今译】

孔子说:"〔一个人〕如果立志去实行仁德,那就不会去做坏事了。"

【注释】

〔1〕苟:假如,如果。志:立志。

〔2〕恶:坏,坏事。

4.5 子曰:"富与贵,是人之所欲也;不以其道得之,不处也[1]。贫与贱,是人之所恶也;不以其道得之,

39

不去也[2]。君子去仁,恶乎成名[3]？君子无终食之间违仁[4],造次必于是[5],颠沛必于是[6]。"

【今译】

孔子说:"发财和升官,是人们所想望的,〔然而,〕若不是用正当的方法去获得,君子是不接受的。生活穷困和地位卑微,是人们所厌恶的,〔然而,〕若不是用正当的方法去摆脱,君子是受而不避的。君子假如离开仁德,如何能成名呢？君子是连吃完一顿饭的工夫也不能违背仁的。〔即使是〕在最紧迫的时刻也必须按仁德去做,〔即使是〕在流离困顿的时候也必须按仁德去做。"

【注释】

〔1〕处:享受,接受。

〔2〕去:避开,摆脱。

〔3〕恶:同"乌"。相当于"何"。疑问副词。怎样,如何。

〔4〕终食之间:吃完一顿饭的工夫。违:违背,离开。

〔5〕造次:紧迫,仓卒,急迫。必于是:必须这样做。"是",代词。这,此。

〔6〕颠沛:本义是跌倒,偃仆。引申为穷困,受挫折,流离困顿。

4.6 子曰:"我未见好仁者,恶不仁者。好仁者,无以尚之[1];恶不仁者,其为仁矣,不使不仁者加乎其身。有能一日用其力于仁矣乎？我未见力不足者。盖有之矣[2],我未之见也[3]。"

【今译】

孔子说:"我没见过爱好仁德的人,没见过厌恶不仁的人。爱好仁德的人,是无法超过的;厌恶不仁的人,在实行仁德时,不会让不仁德的人影响自己。有能在某一天用自己的力量去实行仁德的吗？我还没见过〔实行仁德而〕力量不够的。这样的人会有的，但我没见过。"

【注释】

〔1〕尚：超过。

〔2〕盖：发语词。表示肯定的语气。

〔3〕未之见：未见之。没看到过这种人或这种情况。

4.7 子曰："人之过也，各于其党[1]。观过，斯知仁矣[2]。"

【今译】

孔子说："人的错误，各自同他那一类的人一样。观察一个人犯的什么错误，就能知道是哪一类的人了。"

【注释】

〔1〕党：本指古代地方组织，五百家为党。引申为朋辈，意气相投的人，同类的人。

〔2〕斯：代词。那。仁：同"人"。一说，仁德。句中的意思则是：观察一个人犯的什么错误，就能知道是不是有仁德了。

4.8 子曰："朝闻道[1]，夕死可矣。"

【今译】

孔子说："早上明白知晓了真理，晚上就死去，也是可以的。"

【注释】

〔1〕闻：听到，知道，懂得。道：此指某种真理，道理，原则。也即我

们所说的儒家之道。

4.9 子曰:"士志于道[1],而耻恶衣恶食者,未足与议也。"

【今译】

孔子说:"士有志于道,而又以穿的衣服不好吃的饭菜不好为耻辱,〔这种人〕是不值得与他谈论的。"

【注释】

〔1〕士:读书人,一般的知识分子,小官吏。

4.10 子曰:"君子之于天下也,无适也,无莫也[1],义之与比[2]。"

【今译】

孔子说:"君子对于天下〔事情的处理〕,没有一定要做的,也没有一定不要做的,而是服从于义。"

【注释】

〔1〕适,莫:各家有三种解释:一、"适",厚。"莫",薄。"无适无莫",是一视同仁,对人用情无亲疏厚薄,不要有的亲近,有的冷淡。二、"适",通"敌",指敌对。"莫",通"慕",爱慕。"无适无莫",是"无所为仇,无所欣慕"。三、"适(dí 笛)",主,专主,固定不变。"莫",不肯,没有。"无适无莫",是无可无不可,没有一成不变的。天下的事,事无定形,而有定理。君子处理天下的事,没有一定要做的,也没有一定不要做的,而是唯义是从,只要符合义——合情合理,合于正义,该做便做,不该做便不做,怎么干合适恰当就怎么干。这是朱熹《四书集注》的说法。本书取此说。

〔2〕义之与比:与义靠近,向义靠拢,也就是"与义比之"。"比(bì

毕)",从,靠近,亲近。

4.11 子曰:"君子怀德,小人怀土;君子怀刑[1],小人怀惠。"

【今译】
　　孔子说:"君子关心的是道德教化,小人关心的是乡土田宅;君子关心的是法度,小人关心的是实惠。"
【注释】
　　〔1〕刑:指法度,典范。

4.12 子曰:"放于利而行[1],多怨。"

【今译】
　　孔子说:"为追求私利而行动,会招来许多人的怨恨。"
【注释】
　　〔1〕放:通"仿"。仿照,效法,依照。引申为一味追求。

4.13 子曰:"能以礼让为国乎[1],何有[2]?不能以礼让为国,如礼何?"

【今译】
　　孔子说:"能够以礼让〔的原则〕来治理国家,那还有什么困难呢?〔如果〕不能以礼让来治国,如何能实行周礼呢?"
【注释】
　　〔1〕礼让:按照周礼,注重礼仪与谦让。
　　〔2〕何有:有何,有什么。这里的意思指还有什么困难。

4.14 子曰:"不患无位,患所以立[1]。不患莫己知,求为可知也。"

【今译】

孔子说:"不担忧没有官职地位,担忧的是自己没有能用以站得住脚的〔学问与本领〕。不担忧没有人知道自己,只求自己能成为值得别人知道的人。"

【注释】

〔1〕立:站得住脚,有职位,在社会有立足之地。

4.15 子曰:"参乎!吾道一以贯之。"曾子曰:"唯[1]。"子出,门人问曰:"何谓也?"曾子曰:"夫子之道忠恕而已矣[2]。"

【今译】

孔子说:"曾参啊!我所主张的'道'是由一个根本的宗旨而贯彻始终的。"曾子说:"是的。"孔子走出去以后,别的弟子问〔曾参〕:"〔老师的话〕是什么意思?"曾子说:"老师所主张的道,不过是忠恕罢了。"

【注释】

〔1〕唯:在这里是应答词。是的。
〔2〕忠:忠诚,真挚诚恳。恕:不计较别人的过错,对别人宽容。

4.16 子曰:"君子喻于义[1],小人喻于利[2]。"

4.22 子曰:"古者言之不出[1],耻躬之不逮也[2]。"

【今译】

孔子说:"古代的人不〔轻易〕把话说出来,认为说出却做不到是耻辱的。"

【注释】

〔1〕古者:古代的人,也往往指古代有统治地位的、做官的人。

〔2〕耻:羞愧,耻辱。在这里是意动用法,以……为耻。"行"比"言"难,"行"往往赶不上"言";说了话,如果做不到,就会感到失信的耻辱。躬:亲身,亲自。这里指自己的行动。逮:赶上。

4.23 子曰:"以约失之者鲜矣[1]。"

【今译】

孔子说:"经常能约束自己的人,过失就少了。"

【注释】

〔1〕约:约束,检束,谨慎节制。这里指以一种立身处世的原则标准经常来约束自己。失:过失,犯错误。鲜:少。

4.24 子曰:"君子欲讷于言[1],而敏于行[2]。"

【今译】

孔子说:"君子要谨慎地说话,而要敏捷地行动。"

【注释】

〔1〕讷:本义是说话言语迟钝。这里指说话谨慎,留有分寸。

〔2〕敏于行:"行",行动,行为。《四书集注》说:"放言易,故欲讷;力

行难,故欲敏。"意思与《学而篇第一》第十四章"敏于事而慎于言"相同。可参阅。

4.25 子曰:"德不孤,必有邻[1]。"

【今译】
　　孔子说:"有道德的人不会孤立,必然有同他相亲近的人。"
【注释】
　　[1] 邻:邻人,邻居。这里指思想品格一致,志向相同,能共同合作的人。

4.26 子游曰:"事君数[1],斯辱矣[2];朋友数,斯疏矣。"

【今译】
　　子游说:"事奉君主,〔如果〕频繁地反复提意见,就会招致羞辱;对待朋友,〔如果〕频繁地反复提意见,就会造成疏远。"
【注释】
　　[1] 数(shuò 硕):屡次,多次。这里指频繁、烦琐地提意见,过分地反复进行劝谏。《四书集注》说:"事君,谏不行,则当去;导友,善不纳,则当止。至于烦渎,则言者轻、听者厌矣。是以求荣而反辱,求亲而反疏也。"一说,"数"读 shǔ(音暑)。列举,数落,当面指责。则本章的意思是:应注意批评的方式方法,不要当面直说、指出对方的过失加以责备;这样做,反而使对方脸面上下不来台,不容易接受,致"辱"致"疏"。
　　[2] 斯:副词。就。

公冶长篇第五
（共二十八章）

主要讲古今人物的贤否得失。

5.1 子谓公冶长[1]："可妻也[2]。虽在缧绁之中[3]，非其罪也。"以其子妻之[4]。

【今译】

孔子说到公冶长："可以把女儿嫁给他。他虽然被囚禁在监狱中，但不是他有罪过。"〔于是〕把女儿嫁给了公冶长。

【注释】

〔1〕公冶长：姓公冶，名长，字子芝。鲁国人（一说，齐国人）。孔子的弟子。传说懂得鸟语。

〔2〕妻：本是名词，在这里作动词用，读 qì（音气）。把女儿嫁给他。

〔3〕缧绁（léi xiè 雷谢）：捆绑犯人用的黑色的长绳子。这里代指监狱。

〔4〕子：指自己的女儿。

5.2 子谓南容[1]："邦有道[2]，不废[3]；邦无道，免于刑戮[4]。"以其兄之子妻之。

【今译】

孔子谈论南容，说："国家有道的时候，他被任用做官；国家无道的时候,他也会避免受刑戮。"〔于是〕把哥哥的女儿嫁给了南容。

【注释】

〔1〕南容:姓南宫,名适(kuò 阔),一作"括",又名绦(tāo 涛),字子容。鲁国孟僖子之子,孟懿子之兄(一说,弟),本名仲孙阅,因居于南宫,以之为姓。谥号敬叔,故也称南宫敬叔。孔子的弟子。

〔2〕邦有道:指社会秩序好,政治清明,局面稳定,政权巩固,国家太平兴盛。

〔3〕废:废弃,废置不用。

〔4〕刑戮:"戮(lù 路)",杀。刑戮,泛指受刑罚,受惩治。

5.3 子谓子贱[1]:"君子哉若人[2]!鲁无君子者,斯焉取斯[3]?"

【今译】

孔子谈论子贱,说:"真是君子啊这个人!假如鲁国没有君子,他从哪里取得这种品德呢?"

【注释】

〔1〕子贱:姓宓(fú 浮),名不齐,字子贱,鲁国人。公元前521年生,卒年不详。孔子的弟子。子贱曾任单父(今山东省单县)宰,史称:"有才智,爱百姓,身不下堂,鸣琴而治。能尊师取友,以成其德。"著有《宓子》十六篇。

〔2〕若:代词。此,这。

〔3〕斯:代词。在句中,第一个"斯",是代指子贱这个人。第二个"斯",是代指君子的品德。焉:疑问代词。哪里,怎么,怎样。取:取得,获得。

5.4 子贡问曰:"赐也何如[1]?"子曰:"女[2],器也。"曰:"何器也?"曰:"瑚琏也[3]。"

【今译】

　　子贡问孔子:"我端木赐怎么样呢?"孔子说:"你,是个有用的器具。"〔子贡〕问:"是个什么器具呢?"〔孔子〕说:"是瑚琏。"

【注释】

　　〔1〕何如:如何,怎样。
　　〔2〕女:汝,你。
　　〔3〕瑚琏:古代祭祀时盛粮食(黍稷)用的一种贵重的器具,竹制,上面用玉装饰,很华美,有方形的,有圆形的,夏代称"瑚",殷代称"琏"。在这里,孔子用"瑚琏"比喻子贡,虽是有用之材,但也不过仅有一种具体的才干,达不到最高标准的"君子不器"。

5.5　或曰[1]:"雍也仁而不佞[2]。"子曰:"焉用佞? 御人以口给[3],屡憎于人。不知其仁,焉用佞?"

【今译】

　　有的人说:"冉雍啊,有仁德,而不能言善辩。"孔子说:"何必要能言善辩呢?〔能说会道的人〕同人家顶嘴,嘴快话多,常常引起别人的厌恶不满。我不知道冉雍是不是做到有仁德,但哪里用得上能言善辩呢?"

【注释】

　　〔1〕或:代词。有的人。
　　〔2〕雍:姓冉,名雍,字仲弓。鲁国人。生于公元前522年,卒年不详。孔子的弟子。佞(nìng泞):强嘴利舌,巧言花语。
　　〔3〕御:抗拒,抵抗。这里指辩驳对方,与人顶嘴。口给:"给(jǐ挤)",本义是丰足,也指言语敏捷。口给,指嘴巧,嘴快话多。孔子反对"巧言乱德"的人。

51

5.6　子使漆雕开仕[1]，对曰："吾斯之未能信[2]。"子说[3]。

【今译】

孔子让漆雕开去做官，〔漆雕开〕回答："我对做官还没有信心。"孔子〔听了这话〕很高兴。

【注释】

〔1〕漆雕开：姓漆雕，名开，字子开（一说，字子若）。蔡国人（一说，鲁国人）。公元前540年生，卒年不详。孔子弟子。

〔2〕"吾斯"句："吾未能信斯"的倒装。"斯"，做官的事。"信"，信心，相信，自信。这话是说自己还没有达到"学而优则仕"的程度。

〔3〕说：同"悦"。

5.7　子曰："道不行，乘桴浮于海[1]。从我者[2]，其由与[3]！"子路闻之喜。子曰："由也好勇过我，无所取材[4]。"

【今译】

孔子说："我的道得不到实行，就乘木筏漂到海上去。能跟随我的人，可能只有仲由吧！"子路听了这话很高兴。孔子却说："仲由啊，争强好勇超过了我，〔其他方面〕没有什么可取的。"

【注释】

〔1〕桴（fú 扶）：用竹或木编成当船用的水上交通工具，大的叫"筏"，小一点的叫"桴"。

〔2〕从：跟从，跟随。

〔3〕其：语助词，表示揣测。大概，可能。与：同"欤"。语助词，表疑

【今译】

宰予白天睡大觉。孔子说:"〔真像是〕腐朽的木头不能再雕刻什么了,粪土的墙壁不能再粉刷了。对于宰予这个人,何必再谴责他呢?"孔子又说:"开始时,我对于人,是听了他的话便相信他的行为;现在,我对于人,是听了他的话还要观察他的行为。宰予这个人使我改变了观察人的方法。"

【注释】

〔1〕杇(wū污):同"圬"。本指用灰泥抹墙的工具,俗称"抹子"。这里作动词用,指粉刷墙壁。

〔2〕与:同"欤"。语气词,在这里表停顿。诛:谴责,责备,指责。

〔3〕是:代词。此,这。在这里指代观察人的方法。

5.11 子曰:"吾未见刚者。"或对曰:"申枨[1]。"子曰:"枨也欲[2],焉得刚?"

【今译】

孔子说:"我没见过刚强不屈的人。"有人回答:"申枨〔是刚强的人〕。"孔子说:"申枨啊,个人欲望太多,怎么能刚强?"

【注释】

〔1〕申枨(chéng成):姓申,名枨,字周,鲁国人。孔子的弟子。一说,就是申党(见《史记·仲尼弟子列传》)。另作"申棠"。

〔2〕欲:欲望多。

5.12 子贡曰:"我不欲人之加诸我也[1],吾亦欲无加诸人。"子曰:"赐也,非尔所及也[2]。"

【今译】

子贡说:"我不愿别人〔把某事〕强加给我,我也不愿意〔把事情〕强加给别人。"孔子说:"端木赐呀,这不是你所能做到的。"

【注释】

〔1〕诸:"之于"的合音。

〔2〕尔:你。

5.13 子贡曰:"夫子之文章[1],可得而闻也;夫子之言性与天道[2],不可得而闻也。"

【今译】

子贡说:"老师关于文献方面的学问,我们可以学到领会;老师关于人性和天道的论述,我们却学不到领会不到。"

【注释】

〔1〕文章:指礼乐法度、诗、书、史等各种古代文献中的学问。

〔2〕性:人的自然本性。天道:天命。这里指自然万物和人类社会的吉凶祸福的关系。

5.14 子路有闻,未之能行,唯恐有闻[1]。

【今译】

子路听到某一道理,在还没实行的时候,唯恐又听到另一道理。

【注释】

〔1〕有:同"又"。

5.15 子贡问曰:"孔文子何以谓之'文'也[1]?"

子曰："敏而好学,不耻下问,是以谓之'文'也。"

【今译】
　　子贡问道："孔文子〔的谥号〕为什么称'文'呢?"孔子说："〔他〕聪敏,爱好学习,向下面的人请教而不以为耻,所以称他为'文'。"
【注释】
　　〔1〕孔文子:卫国的执政上卿,姓孔,名圉(yǔ雨),字仲叔。"文",是谥号。古代,帝王、贵族、大臣等死后,根据他生前的品德、事迹,所给予的表示褒贬的称号称谥号。"子",是对孔圉的尊称。孔圉死于鲁哀公十五年(公元前480年)。

5.16　子谓子产[1]:"有君子之道四焉:其行己也恭,其事上也敬,其养民也惠,其使民也义。"

【今译】
　　孔子说到子产:"〔他〕具有君子的四种道德:在行为方面,他自己很庄重,谦逊谨慎;他事奉君主,很恭敬顺从;他对待人民,注意给予恩惠利益;他役使人民,注意合乎义理。"
【注释】
　　〔1〕子产:名侨,字子产,郑国大夫,是郑穆公的孙子,公子发之子,担任过正卿(相当于宰相)。生年不详,卒于公元前522年。是春秋末期杰出政治家。他在郑简公、郑定公时,执政二十二年,有过许多改革措施,因而得到人民的拥护。当时曾被孔子称为"仁人","惠人"。

5.17　子曰:"晏平仲善与人交[1],久而敬之[2]。"

57

【今译】

　　孔子说:"晏平仲善于同别人交往,相处愈久,别人愈尊敬他。"

【注释】

　　〔1〕晏平仲:姓晏,名婴,字仲。夷维(今山东省高密县)人。齐国大夫,历任灵公、庄公、景公三世,曾任宰相,是当时著名政治家。生年不详,卒于公元前500年。死后,谥号为"平",故称他"晏平仲"。传世有《晏子春秋》,系战国时人收集晏婴的言行编辑而成。善:在某一方面具有特长,擅长,长于。

　　〔2〕之:代词,代晏婴。一说,"之"指代朋友。此句意思是:晏婴与友处久,仍敬友如新。

5.18　子曰:"臧文仲居蔡〔1〕,山节藻棁〔2〕,何如其知也〔3〕?"

【今译】

　　孔子说:"臧文仲为大乌龟盖了房子,把房子的斗拱雕成山形,房梁短柱上画了水草,〔这个人〕怎么能说是明智呢?"

【注释】

　　〔1〕臧文仲:鲁国的大夫,姓臧孙,名辰,字仲。生年不详,卒于公元前617年。死后谥号"文"。曾被孔子批评为"不仁""不智"。居蔡:"蔡",春秋时的蔡国,在今河南省上蔡、新蔡一带。蔡国出产大乌龟。据《淮南子·说山训》:"大蔡神龟,出于沟壑。"这里用"蔡"代指大乌龟。"居",居处,房子。这里用作动词。古代常用乌龟壳来占卜吉凶,"居蔡"是指为大乌龟盖上房子藏起来以备占卜用。

　　〔2〕山节藻棁:"节",是房柱子头上的斗拱;"山节",是把斗拱雕刻成山的形状。"藻",是水草;"棁(zhuō桌)",是房子大梁上的短柱;"藻棁",是把短柱上画上花草图案。山节藻棁,也就是俗说的"雕梁画栋",是古代建筑物的豪华装饰,只有天子才能把大乌龟壳藏在如此豪华的房屋

58

里。臧文仲也这样做,显然是"越礼"行为。

〔3〕何如:如何,怎么。知:同"智"。明智,懂事理。

5.19 子张问曰:"令尹子文三仕为令尹〔1〕,无喜色;三已之〔2〕,无愠色。旧令尹之政,必以告新令尹。何如?"子曰:"忠矣。"曰:"仁矣乎?"曰:"未知。焉得仁?""崔子弑齐君〔3〕,陈文子有马十乘〔4〕,弃而违之〔5〕,至于他邦,则曰:'犹吾大夫崔子也。'违之。之一邦,则又曰:'犹吾大夫崔子也。'违之。何如?"子曰:"清矣。"曰:"仁矣乎?"曰:"未知。焉得仁?"

【今译】

子张问孔子:"令尹子文几次担任宰相,没表现出高兴的脸色;几次被罢免,也没表现出怨恨的脸色。〔每次免职时〕一定把自己旧日的一切政令公务告诉新任的宰相。〔这个人〕怎么样呢?"孔子说:"够得上忠啊。"〔子张〕说:"够得上仁了吗?"〔孔子〕说:"不知道。这怎么能算是仁呢?"〔子张又问:〕"崔子杀了齐庄公,陈文子有四十匹马,舍弃不要,离开齐国。到了另一国,说:'〔这里的执政者〕好比我国的大夫崔子一样。'又离开了。再到另一国,又说:'〔这里的执政者〕好比我国的大夫崔子一样。'又离开了。〔那么,这个人〕怎样呢?"孔子说:"够得上清白了。"〔子张〕说:"够得上仁了吗?"〔孔子〕说:"不知道。这怎么能算是仁呢?"

【注释】

〔1〕令尹:楚国的官职名,相当于宰相。子文:姓鬭(dòu 豆),名縠於菟(gǔ wū tú 谷乌徒),字子文,是楚国著名的贤相。三仕:"三",是虚数,不一定只指三次,而是代表多次,几次。"仕",是做官,担任职务。

〔2〕三已:多次被免职。"已",本义是停止,完,毕。这里指罢免,

59

去职。

〔3〕崔子:指齐国大夫崔杼(zhù 助)。他把齐庄公杀了。弑(shì式):古时称臣杀死君主或子女杀死父母。齐君:指齐庄公。姓姜,名光。

〔4〕陈文子:齐国的大夫,名须无。崔杼杀死齐庄公时,陈文子离开齐国,两年后又返回。

〔5〕违:离别,离开。

5.20 季文子三思而后行[1]。子闻之,曰:"再[2],斯可矣。"

【今译】

季文子要三次考虑以后才去做某一件事。孔子听到这事,说:"考虑两次,就可以了。"

【注释】

〔1〕季文子:鲁国的大夫,姓季孙,名行父。"文"是他死后的谥号。生年不详,卒于公元前568年。历仕鲁文公、鲁宣公,至鲁成公、鲁襄公时担任正卿。史称他"无衣帛之妾,无食粟之马,无金玉重器,忠于公室者也"。因他世故太深,过为谨慎,遇事计较祸福利害太多,容易徇私,私意起而反惑。所以,孔子才说了这番话。钱穆认为:"事有贵于刚决,多思转多私。"也是这个意思。

〔2〕再:再次,第二次。作副词用,后面省略了动词"思"。

5.21 子曰:"宁武子[1],邦有道,则知[2];邦无道,则愚[3]。其知可及也,其愚不可及也。"

【今译】

孔子说:"宁武子,当国家有道的时候,他显得聪明;当国家无道的时候,他就装傻。他的那种聪明,别人是可以赶得上的;他的那种装傻,别人可就赶不上了。"

【注释】

〔1〕宁武子:卫国人,庄公之子,文公、成公时的大夫。姓宁,名俞。"武",是他死后的谥号。

〔2〕知:同"智"。

〔3〕愚:本义是愚笨。这里指装傻。

5.22 子在陈曰[1]:"归与[2]!归与!吾党之小子狂简[3],斐然成章[4],不知所以裁之[5]。"

【今译】

孔子在陈国时,说:"回去吧!回去吧!我们家乡的学生们,志向远大,心气挺高,而行为粗率简单,文采都有可观的成就,我不知道该怎样去节制、指导他们。"

【注释】

〔1〕陈:春秋时的古国,妫(guī规)姓。商殷灭亡后,周武王找到了舜的后代妫满,封他于陈。其地约在今河南省东部(开封市以东)、安徽省北部(亳县以北)一带,故都在宛丘(今河南省淮阳县)。春秋末年,陈国被楚国所灭。

〔2〕与:同"欤"。语气助词。

〔3〕吾党:我的故乡(鲁国)。古代五百家为一党。狂简:"狂",指心气很高,志向远大;"简",指行为粗率,简单化,做法不高明。

〔4〕斐然:"斐(fěi匪)",本义指五色错杂。形容有文采的样子。章:花纹,文采。引申为文学,文章。

〔5〕裁:节制,控制。这里有"指导"的意思。此句,《史记·孔子世家》为"吾不知所以裁之"。由此推断,文中省略的主语应是"吾"。

5.23 子曰:"伯夷、叔齐不念旧恶[1],怨是用希[2]。"

【今译】
孔子说:"伯夷、叔齐,不记过去的仇怨,〔人们对他〕怨恨因此就少了。"

【注释】
〔1〕伯夷、叔齐:是殷朝末年一个小国的国君孤竹君的两个儿子,姓墨胎。兄伯夷(一说,名允,字公信,"夷"是谥号),弟叔齐(一说,名智,字公达,"齐"是谥号)。孤竹君死后,伯夷、叔齐兄弟二人互相让位,谁都不肯做国君。后来,二人都逃到周文王所管辖的区域。周武王兴兵伐纣时,他们曾拦车马进行劝阻。周灭殷后,传说他们二人对改朝换代不满而耻食周粟,隐居在首阳山,采薇(一种野菜)为食,终于饿死。
〔2〕是用:因此。希:同"稀"。少。

5.24 子曰:"孰谓微生高直[1]?或乞醯焉[2],乞诸其邻而与之。"

【今译】
孔子说:"谁说微生高这个人直爽呀?有人向他要点醋,他〔没直说没有,却是〕到他的邻居家去要了点醋,给了那人。"

【注释】
〔1〕微生高:姓微生,名高。《庄子》、《战国策》中又称"尾生高"。鲁国人。以直爽、守信而著称。传说他与一女子相约在桥下见面。女子没按时来,尾生高守信不移,一直在约会处等候。后来,河水暴涨,尾生高抱住桥柱子死守,终被淹死。后世戏曲以此情节编为"兰桥会"。
〔2〕醯(xī 西):醋。

5.25　子曰:"巧言,令色,足恭,左丘明耻之[1],丘亦耻之。匿怨而友其人[2],左丘明耻之,丘亦耻之。"

【今译】

孔子说:"花言巧语,假装出一副好看的脸色,表现出过分的恭敬,对这种人,左丘明以为可耻,我孔丘也以为可耻。把怨恨隐藏在心里,表面上却假装出一副与人友善要好的样子,对这种人,左丘明以为可耻,我孔丘也以为可耻。"

【注释】

〔1〕左丘明:春秋时鲁国人,担任过鲁国的太史(朝廷史官),乃楚左史倚相之后,与孔子同时或较早于孔子。相传左丘明曾为《春秋》作传(称为《左传》),又作《国语》(也有学者认为,《左传》和《国语》的作者并非一人,二书也并非左丘明所作)。又传说,左丘明是个瞎子,故有"左丘失明"之说。

〔2〕匿:隐藏起来,不让人知道。

5.26　颜渊、季路侍[1]。子曰:"盍各言尔志[2]?"子路曰:"愿车马衣裘[3],与朋友共,敝之而无憾。"颜渊曰:"愿无伐善[4],无施劳[5]。"子路曰:"愿闻子之志。"子曰:"老者安之,朋友信之,少者怀之。"

【今译】

颜渊、子路在孔子身边侍立。孔子说:"何不各自说说你们自己的志向?"子路说:"愿意有车马乘坐,穿又轻又暖的皮衣,而且拿出来与朋友共同使用,就是用坏了穿破旧了,也不抱怨。"颜渊说:"我愿意不夸耀自己的长处,不表白自己的功劳。"子路〔转问〕说:"愿意听听老师您的志向。"孔子说:"使年老的人们得到安康舒适,使朋友们互相得到信任,使年轻的孩子们得到关怀养护。"

【注释】

〔1〕季路:即子路。因侍于季氏,又称季路。侍:服侍,陪从在尊长身边站着。《论语》中,单用"侍"字,指孔子坐着,弟子站着。用"侍坐",指孔子坐着,弟子也坐着。用"侍侧",指弟子陪从孔子,或立或坐。

〔2〕盍(hé 何):何不。

〔3〕裘(qiú 求):皮衣。

〔4〕伐:夸耀,自夸。

〔5〕施:表白。一说,"施",是施加给别人。句中"无施劳",是不把劳苦的事加在别人身上,即自己不辞劳苦,对劳累的事不推脱。

5.27 子曰:"已矣乎[1]!吾未见能见其过而内自讼者也[2]。"

【今译】

孔子说:"罢了啊!我还没见过看到自身的错误而能发自内心自我责备的人。"

【注释】

〔1〕已:罢了,算了。下面的"矣""乎",都是表示绝望的感叹助词。

〔2〕讼(sòng 宋):责备,争辩是非。

5.28 子曰:"十室之邑[1],必有忠信如丘者焉,不如丘之好学也。"

【今译】

孔子说:"就是十户人家的小村邑里,也一定有如同我这样讲究忠信的人，〔只是〕不如我这样爱好学习啊。"

【注释】

〔1〕十室：十户人家。古时，九夫为井，四井为邑，一邑共有三十二户人家。"十室之邑"极言其小，是指尚且不满三十二家的小村邑。

雍也篇第六
（共三十章）

主要讲孔子与弟子们的言行。

6.1 子曰："雍也，可使南面[1]。"

【今译】

孔子说："冉雍啊，可以让他坐尊位做卿大夫。"

【注释】

〔1〕南面：就是脸朝南。古代以坐北朝南为尊位、正位。从君王、诸侯、将、相到地方军政长官，坐堂听政，都是面南而坐。

6.2 仲弓问子桑伯子[1]。子曰："可也，简[2]。"仲弓曰："居敬而行简[3]，以临其民[4]，不亦可乎？居简而行简，无乃大简乎[5]？"子曰："雍之言然。"

【今译】

仲弓问子桑伯子这个人怎么样。孔子说："还可以，办事简要。"仲弓说："为人严肃认真，严格要求自己，又办事简要，用这样的方法去对待人民，不也是可以的吗？〔但是〕为人随便，办事又简易粗率，〔如果那样〕岂不是太简单化了吗？"孔子说："冉雍，你的话是对的。"

【注释】

〔1〕仲弓:就是冉雍。子桑伯子:人名。其身世情况不详。有的学者认为,子桑伯子是鲁国人,即《庄子》中所说的"子桑户",与"琴张"为友。又有人以为是秦穆公时的"子桑"(公孙枝)。但皆无确考。

〔2〕简:简单,简约,不烦琐。

〔3〕居:平时的做人,为人,居心。

〔4〕临:面对,面临。这里含有治理的意思。

〔5〕无乃:岂不是,难道不是。大:同"太"。

6.3 哀公问:"弟子孰为好学?"孔子对曰:"有颜回者好学,不迁怒〔1〕,不贰过〔2〕。不幸短命死矣。今也则亡〔3〕,未闻好学者也。"

【今译】

鲁哀公问:"〔你的〕学生中谁是爱好学习的呢?"孔子回答:"有一个叫颜回的,很好学,〔他从来〕不拿别人出气,不犯同样的过错。〔但〕不幸短命死了。现在就没有那样的人了,没听到有好学的人啊。"

【注释】

〔1〕迁怒:指自己不如意时,对别人发火生气;或受了甲的气,却转移目标,拿乙去出气。"迁",转移。

〔2〕贰:二,再一次,重复。

〔3〕亡:同"无"。

6.4 子华使于齐〔1〕,冉子为其母请粟〔2〕。子曰:"与之釜〔3〕。"请益〔4〕。曰:"与之庾〔5〕。"冉子与之粟五秉〔6〕。子曰:"赤之适齐也〔7〕,乘肥马,衣轻裘〔8〕。

67

吾闻之也,君子周急不继富[9]。"

【今译】

　　子华出使去齐国,冉求为子华的母亲请求给些小米。孔子说:"给他六斗四升。"冉求请求再增加些。孔子说:"再给他二斗四升。"冉求却给了他小米八十石。孔子说:"公西赤到齐国去,乘坐肥马驾的车,身穿又轻又暖的皮衣。我听说过,君子应周济急需的人,而不要使富人更富。"

【注释】

　　〔1〕子华:即公西赤。

　　〔2〕冉子:即冉求。"子"是后世记录孔子和他的弟子的言行时加上的尊称。粟:谷子,小米。

　　〔3〕釜(fǔ府):古代容量名。一釜当时合六斗四升。古代的斗小,一斗约合现在二升,一釜约等于现在一斗二升八合。一釜粮食仅是一个人一月的口粮。

　　〔4〕益:增添,增加。

　　〔5〕庾(yǔ雨):古代容量名。一庾合当时二斗四升,约合现在四升八合。一说,一庾当时合十六斗,约合现在三斗二升。

　　〔6〕秉(bǐng饼):古代容量名。一秉合十六斛,一斛合十斗。"五秉",就是八百斗(八十石)。约合现在十六石。

　　〔7〕适:往,去。

　　〔8〕衣(yì义):穿。

　　〔9〕周:周济,救济。继:接济,增益。

6.5　原思为之宰[1],与之粟九百[2],辞。子曰:"毋[3]!以与尔邻里乡党乎[4]!"

【今译】

原思为孔子家做总管,〔孔子〕给他小米九百斗,〔原思〕推辞不要。孔子说:"不要推辞!拿给你家乡的人们吧!"

【注释】

〔1〕原思:孔子的弟子。姓原,名宪,字子思。鲁国人(一说,宋国人)。生于公元前515年,卒年不详。孔子在鲁国任司寇(司法官员)时,原思在孔子家做过总管(家臣)。孔子死后,原思退隐,居卫国。之:指代孔子。

〔2〕之:代指原思。九百:九百斗。一说,指九百斛,则是九百石。不可确考。

〔3〕毋:不要,勿。

〔4〕邻里乡党:古代以五家为邻,二十五家为里,五百家为党,一万二千五百家为乡。这里泛指原思家乡的人们。

6.6 子谓仲弓,曰:"犁牛之子骍且角[1],虽欲勿用,山川其舍诸[2]?"

【今译】

孔子谈论仲弓,说:"耕牛生的一个小牛犊,长着整齐的红毛和周正的硬角,虽然不想用它〔作为牺牲祭品〕,山川之神怎么会舍弃它呢?"

【注释】

〔1〕"犁牛"句:"犁牛",杂色的耕牛。"子",指小牛犊。"骍(xīng星)",赤色。周代崇尚赤色,祭祀用的牛,要求是长着红毛和端正的长角的牛,不能用普通的耕牛来代替。这里用"犁牛之子",比喻冉雍(仲弓)。据说冉雍的父亲是失去贵族身份的"贱人",品行也不好。孔子认为,冉雍德行才学都好,子能改父之过,变恶以为美,是可以做大官的(当时冉雍担任季氏的家臣)。

〔2〕山川:指山川之神。这里比喻君主或贵族统治者。其:表示反

69

问的语助词。怎么会,难道,哪能。舍:舍弃,不用。

6.7 子曰:"回也,其心三月不违仁[1],其馀则日月至焉而已矣[2]。"

【今译】

孔子说:"颜回啊,他的心可以在长时间内不违背仁德,其馀的〔弟子们〕只能在短时间内做到仁德而已。"

【注释】

〔1〕三月:不是具体指三个月,而是泛指较长的时间。

〔2〕日月:一天,一月。泛指较短的时间,偶尔。至:达到,做到。

6.8 季康子问[1]:"仲由可使从政也与?"子曰:"由也果,于从政乎何有[2]?"曰:"赐也可使从政也与?"曰:"赐也达,于从政乎何有?"曰:"求也可使从政也与?"曰:"求也艺,于从政乎何有?"

【今译】

季康子问:"仲由,可以让他做官从政吗?"孔子说:"仲由果断勇敢,对于从政有什么困难呢?"〔季康子〕说:"端木赐,可以让他做官从政吗?"〔孔子〕说:"端木赐通达事理,对于从政有什么困难呢?"〔季康子〕说:"冉求,可以让他做官从政吗?"〔孔子〕说:"冉求,多有才能,对于从政有什么困难呢?"

【注释】

〔1〕季康子:季桓子之子,公元前492年继其父任鲁国正卿。孔子的弟子冉求,曾帮助季康子推行革新。

〔2〕何有:有何困难。

6.9 季氏使闵子骞为费宰[1]。闵子骞曰:"善为我辞焉! 如有复我者,则吾必在汶上矣[2]。"

【今译】

季氏派人去请闵子骞担任费邑的行政长官。闵子骞〔对来的人〕说:"请好好地为我辞掉吧! 如果第二次再来找我,那我必定是在汶河以北了。"

【注释】

〔1〕闵子骞(qiān 千):姓闵,名损,字子骞。鲁国人。公元前536年生,公元前487年卒(一说,公元前515—?)。孔子早年的弟子。相传是有名的孝子,受到孔子的赞赏。其德行与颜渊并称于世。费:此读 bì,音毕,是季氏的封邑,在今山东省费县西北(故城在平邑县东南七十里)。因为季氏不归顺鲁国,他的封邑的总管(邑宰,相当于一个县长)经常同他作对,所以,他想请闵子骞去做费宰。

〔2〕在汶上:"汶(wèn 问)",今山东省的大汶河。当时汶水在齐国的南面,鲁国的北面,流经齐鲁之间。在汶上,就是在汶水之上(汶水以北),暗指要由鲁国去齐国,不愿为季氏做事。宋代朱熹在《四书集注》中议论闵子骞:处乱世,遇恶人当政,"刚则必取祸,柔则必取辱",走到他处以保存自己,这种做法是可取的。

6.10 伯牛有疾[1],子问之,自牖执其手[2],曰:"亡之,命矣夫[3]! 斯人也而有斯疾也,斯人也而有斯疾也!"

【今译】

伯牛有病,孔子去探望,从窗户外面握着伯牛的手,说:"要永别了,是命运吧! 这样〔好〕的人竟有了这样的病啊! 这样〔好〕的人竟有了这样的病啊!"

【注释】

〔1〕伯牛：孔子的弟子。姓冉，名耕，字伯牛。鲁国人。孔子任鲁国司寇时，冉伯牛曾任中都宰，有德行。传说他患的是"癞病"（即麻风病），当时为不治之症。

〔2〕牖(yǒu 友)：窗户。

〔3〕夫(fú 扶)：语气助词。表示感叹，相当于"吧"，"啊"。

6.11 子曰："贤哉，回也！一箪食[1]，一瓢饮，在陋巷，人不堪其忧，回也不改其乐。贤哉，回也！"

【今译】

孔子说："品德好呀，颜回啊！一竹筒子饭，一瓢水，住在简陋狭小的巷子里，一般人都忍受不了这种困苦忧愁，颜回却不改变他〔爱学乐善〕的快乐。品德好呀，颜回啊！"

【注释】

〔1〕箪(dān 丹)：古时盛饭食用的一种圆形竹器。食(sì 四)：饭。

6.12 冉求曰："非不说子之道[1]，力不足也。"子曰："力不足者，中道而废，今女画[2]。"

【今译】

冉求〔对孔子〕说："我并非不喜欢您的道理，而是我的力量不够。"孔子说："力量不够的话，是走到中途〔力量用尽不得已〕才废弃而停止，但现在你是给自己画了一条截止的界线。"

【注释】

〔1〕说：同"悦"。喜欢，爱慕。

〔2〕女：同"汝"。你。画：画线为界。画地以自限，则止而不进。

72

6.13 子谓子夏曰:"女为君子儒[1],无为小人儒。"

【今译】

孔子对子夏说:"你要做君子式的儒者,不要做小人式的儒者。"

【注释】

〔1〕女:你。君子儒:"儒"古时本指为人们主持办理喜事丧事礼节仪式的一种专门职业,即赞礼者(也称"相")。"君子儒",指通晓周礼典章制度,道德品质、人格高尚的儒者;反之,就是"小人儒"。

6.14 子游为武城宰[1]。子曰:"女得人焉耳乎[2]?"曰:"有澹台灭明者[3],行不由径[4],非公事,未尝至于偃之室也[5]。"

【今译】

子游任武城县官。孔子说:"在你管的地区你得到什么人才了吗?"〔子游〕说:"有个名叫澹台灭明的人,走路从来不抄小道,不是为公事,从不到我的居室来。"

【注释】

〔1〕武城:鲁国的城邑。即今山东省嘉祥县。一说,武城在山东省费县西南。

〔2〕焉耳:犹言"于此"。"耳",同"尔"。

〔3〕澹(tán 谈)台灭明:姓澹台,名灭明,字子羽。武城人。为人公正。后来成为孔子的弟子。传说澹台灭明状貌甚丑,孔子曾以为他才薄。而后,澹台灭明受业修行,名闻于世。孔子叹说:"吾以貌取人,失之子羽。"

〔4〕径:小路,捷径。引申为正路之外的邪路。

〔5〕偃:即子游。姓言名偃,字子游。这里是子游自称。

6.15　子曰:"孟之反不伐[1]。奔而殿[2],将入门,策其马[3],曰:'非敢后也,马不进也。'"

【今译】
　　孔子说:"孟之反不夸耀自己。败退时,他留在最后面,将要进城门时,他鞭打了一下自己的马,说:'不是我勇敢要殿后,是马〔跑不快〕不往前进啊。'"

【注释】
　　〔1〕孟之反:姓孟,名侧,字之反(《左传》作"孟之侧",《庄子》作"孟子反")。鲁国的大夫。伐:夸耀功劳。
　　〔2〕奔:败走。殿:殿后,即行军走在最后。鲁哀公十一年(公元前484年),齐国进攻鲁国,鲁迎战,季氏宰冉求所率领的右翼军队战败。撤退时,众军争先奔走,而孟之反却在最后作掩护。故孔子称赞孟之反:人有功不难,不夸功为难。
　　〔3〕策:鞭打。

6.16　子曰:"不有祝鮀之佞[1],而有宋朝之美[2],难乎免于今之世矣。"

【今译】
　　孔子说:"如果没有祝鮀的能言善辩,没有宋朝的美貌,是难以在当今之世免遭灾祸的。"

【注释】
　　〔1〕祝鮀(tuó 驼):姓祝,名鮀,字子鱼。卫国的大夫。因他擅长外交辞令,能言善辩,而又会阿谀逢迎,受到卫灵公的重用。
　　〔2〕而:同"与"。和,二者兼有。宋朝:宋国的公子朝,貌美闻名于世。《左传·昭公二十年》及《定公十四年》记述公子朝与襄夫人宣姜私通,并参与发动祸乱,出奔到卫国。又以貌美,与卫灵公夫人南子私通,而

受到宠幸。

6.17 子曰："谁能出不由户[1]？何莫由斯道也[2]？"

【今译】

孔子说："谁能外出而不经过屋门呢？为何没有人由〔我指出的〕这条道走呢？"

【注释】

〔1〕户：门。

〔2〕何莫：为什么没有。斯道：这条路。指孔子所主张的仁义之道。

6.18 子曰："质胜文则野[1]，文胜质则史[2]。文质彬彬[3]，然后君子。"

【今译】

孔子说："〔内在的〕质朴胜过〔外在的〕文采，就未免粗野；〔外在的〕文采胜过〔内在的〕质朴，就未免浮夸虚伪。只有把文采与质朴配合恰当，然后才能成为君子。"

【注释】

〔1〕质：质地，质朴、朴实的内容，内在的思想感情。孔子认为，仁义是质。文：文采，华丽的装饰，外在的礼仪。孔子认为，礼乐是文。

〔2〕史：本义是宗庙里掌礼仪的祝官，官府里掌文书的史官。这里指像"史"那样，言词华丽，虚浮铺陈，心里并无诚意。含有浮夸虚伪的贬义。

〔3〕彬彬：文质兼备相称；文与质互相融和，配合恰当。

6.19 子曰："人之生也直[1]，罔之生也幸而免[2]。"

【今译】

　　孔子说:"一个人能生存,是由于正直;不正直的人也能生存,不过是由于侥幸而避免了祸患。"

【注释】

　　〔1〕直:正直,无私曲。
　　〔2〕罔(wǎng往):诬罔,虚妄。指不正直的人。

6.20　子曰:"知之者不如好之者[1],好之者不如乐之者。"

【今译】

　　孔子说:"〔对任何事业,〕知道它的人,不如爱好它的人;爱好它的人,不如以实行它为快乐的人。"

【注释】

　　〔1〕好(hào号):喜爱。

6.21　子曰:"中人以上,可以语上也[1];中人以下,不可以语上也。"

【今译】

　　孔子说:"对有中等水平以上才智的人,可以讲高深的知识学问;对中等水平以下才智的人,不可以讲那些高深的知识学问。"

【注释】

　　〔1〕语:告,讲,说。

6.22　樊迟问知[1],子曰:"务民之义[2],敬鬼神而远之,可谓知矣。"问仁,曰:"仁者先难而后获,可谓仁矣。"

【今译】

樊迟问,怎样才是"智",孔子说:"专心致力于〔倡导〕人民应该遵从的仁义道德,尊敬鬼神,但要远离它〔不可沉迷于靠鬼神求福〕,就可以说是'智'了。"〔樊迟又〕问怎样才是"仁",〔孔子〕说:"有仁德的人,首先付出艰苦的努力,获得的结果放在后边全不计较,便可以说是'仁'啊。"

【注释】

〔1〕知:同"智"。聪明,智慧。
〔2〕务:从事于,致力于,一心一意去专力倡导。

6.23 子曰:"知者乐水[1],仁者乐山[2]。知者动,仁者静。知者乐,仁者寿。"

【今译】

孔子说:"聪明智慧的人爱水,有仁德的人爱山。聪明智慧的人活跃,有仁德的人沉静。聪明智慧的人常乐,有仁德的人长寿。"

【注释】

〔1〕知者乐水:水流动而不板滞,随岸赋形,与智者相似,故曰。
〔2〕仁者乐山:山形巍然,屹立而不动摇,与仁者相似,故曰。

6.24 子曰:"齐一变,至于鲁;鲁一变,至于道[1]。"

【今译】

孔子说:"把齐国改变一下,便达到像鲁国这样;把鲁国改变一下,就能达到先王之道了。"

【注释】

〔1〕"齐一变"句:"变",进行政治改革,推行教化。当时,齐强鲁弱,但是齐国施行霸道,急功近利,孔子认为齐离王道甚远。而鲁国重礼教、崇信义,周公的法治犹存,仁厚而近于王道。孔子曾说:"周礼尽在鲁矣。"所以孔子有此说。

6.25　子曰:"觚不觚,觚哉？觚哉[1]?"

【今译】

孔子说:"说是觚又不像觚,这是觚吗？这是觚吗？"

【注释】

〔1〕"觚不觚"句:"觚(gū 姑)",古代木制酒具,容量为古制二升(一说三升),量不大,以戒人贪酒。原先觚是上圆下方,腹部足部都有四条棱角。后来,可能是为了制造和使用上的方便,改成了圆筒形,也没有那四条棱角了。孔子言"觚不觚",实是对事物有所改变、有名无实、名实不符的感叹,含有对当时"君不君,臣不臣,父不父,子不子"等社会现象的不满。

6.26　宰我问曰:"仁者,虽告之曰:'井有仁焉[1]。'其从之也?"子曰:"何为其然也？君子可逝也[2],不可陷也;可欺也,不可罔也[3]。"

【今译】

宰我问道:"对于有仁德的人,虽然告诉他:'井有仁德！'他要跟着它跳下去吗？"孔子说:"为什么要那样做呢？君子可以去〔井边看一看〕,不可以〔也跟着〕陷下去;〔君子〕可能被欺骗,却不可能被愚弄。"

【注释】

〔1〕井有仁:井有仁德。《周易》井卦象辞云:"井养而不穷"疏云:"叹美井德,愈汲愈生,给养于人,无有穷已。"一说,"仁"同"人"。

〔2〕逝:往,去。

〔3〕罔:诬罔,被无理陷害,愚弄。

6.27 子曰:"君子博学于文,约之以礼,亦可以弗畔矣夫〔1〕!"

【今译】

孔子说:"君子广泛地多学文化典籍,用礼来约束自己,就可以不违背〔君子之道〕了吧!"

【注释】

〔1〕畔:同"叛"。背离,背叛。夫(fú 扶):语气助词。吧。

6.28 子见南子〔1〕,子路不说〔2〕。夫子矢之曰〔3〕:"予所否者〔4〕,天厌之!天厌之!"

【今译】

孔子会见了南子,子路不高兴。孔子发誓说:"假如我做了什么不正当的事,〔那么,〕上天会厌弃我!上天会厌弃我!"

【注释】

〔1〕南子:宋国的美女,卫灵公的夫人,行为淫乱,名声不好。当时,卫灵公年老昏庸,南子实际上操纵、左右着卫国的政权。她派人召见孔子,孔子起初辞谢不见,但因依礼当见,不得已才去见了南子。

〔2〕说:同"悦"。

〔3〕矢:通"誓"。

〔4〕予所否者:"予",我。"所……者",相当于"假如……的话",古代用于誓言中。"否",不是,不对。指做了什么不正当的事情。

6.29 子曰:"中庸之为德也[1],其至矣乎!民鲜久矣。"

【今译】

孔子说:"中庸作为一种道德,是最高尚了!人民缺少这种道德已经很久了。"

【注释】

〔1〕中庸:"中",是折中,调和,无过无不及,不偏不倚;"庸",是平常,普通,循常规常理(顺其自然)而不变。

6.30 子贡曰:"如有博施于民而能济众,何如?可谓仁乎?"子曰:"何事于仁,必也圣乎!尧、舜其犹病诸[1]。夫仁者,己欲立而立人,己欲达而达人。能近取譬[2],可谓仁之方也已。"

【今译】

子贡说:"如果有人广泛地给人民许多好处,又能周济众人,怎么样呢?可以说是仁人吗?"孔子说:"何止是仁人,那必定是圣人了!尧、舜尚且对做不到这样而感到为难呢。作为仁人,自己想要立身,就要帮助别人立身;自己想要通达,也要帮助别人通达。凡事都能从切近的生活中将心比心,推己及人,可以说是实行仁的方法啊。"

【注释】

〔1〕尧、舜:传说是上古两位贤明的君主,也是孔子心目中圣德典

范。病:忧虑,犯难,心有所不足。

〔2〕能近取譬:"近",指切近的生活,自身。"譬",比喻,比方。能够就自身打比方,推己及人。

述而篇第七
（共三十八章）

主要讲孔子谦己诲人之辞及容貌行事之实。

7.1　子曰："述而不作[1]，信而好古，窃比于我老彭[2]。"

【今译】

孔子说："只传述〔旧的文化典籍〕而不创作〔新的〕，相信而且喜爱古代的〔文化〕，我把自己比作老彭。"

【注释】

〔1〕述：传述，阐述。作：创造，创作。

〔2〕窃：私下，私自。第一人称的谦称。我老彭："老彭"，指彭祖，传说姓篯（jiān坚），名铿，是颛顼（五帝之一）之孙陆终氏的后裔，封于彭城（今徐州），仕虞、夏、商三代，至殷王时已七百六十七岁（一说长寿达八百岁）。彭祖是有名的贤大夫，自少爱恬静养生，观览古书，好述古事（见《神仙传》《列仙传》《庄子》）。"老彭"前加"我"，是表示了孔子对"老彭"的尊敬与亲切，如同说"我的老彭"。一说，"老彭"指老子和彭祖两个人。

7.2　子曰："默而识之[1]，学而不厌[2]，诲人不倦[3]，何有于我哉[4]？"

【今译】

孔子说:"默默地记住〔所见所闻所学的知识〕,学习永不满足,耐心地教导别人而不倦怠,〔这三方面〕我做到了哪些呢?"

【注释】

〔1〕识(zhì志):牢记,记住。潜心思考,加以辨别,存之于心。

〔2〕厌:通"餍"。本义是饱食。引申为满足,厌烦。

〔3〕诲(huì汇):教诲,教导,诱导。

〔4〕"何有"句:即"于我何有哉"。这是孔子严格要求自己的谦虚之词,意思说:以上那几方面,我做到了哪些(一说,还有什么困难或遗憾)呢?

7.3 子曰:"德之不修,学之不讲,闻义不能徙[1],不善不能改[2],是吾忧也。"

【今译】

孔子说:"品德不去修养,学问不去讲习,听到了义却不能去做,对缺点错误不能改正,这些都是我所忧虑的。"

【注释】

〔1〕义:这里指正义的、合乎道义义理的事。徙(xǐ喜):本义是迁移。这里指徙而从之,使自己的所做所为靠近义,做到实践义,走向义。

〔2〕不善:不好。指缺点,错误。

7.4 子之燕居[1],申申如也[2],夭夭如也[3]。

【今译】

孔子在家闲居,衣冠整齐,容貌舒展安详,脸色显出和悦轻松的样子。

【注释】

〔1〕燕居:"燕",通"宴"。安逸,闲适。燕居,指独自闲暇无事的时

候的安居、家居。

〔2〕申申：衣冠整齐，容貌舒展安详的样子。如也：像是……的样子。

〔3〕夭夭（yāo 腰）：脸色和悦愉快，斯文自在，轻松舒畅的样子。

7.5　子曰："甚矣吾衰也，久矣吾不复梦见周公[1]。"

【今译】

孔子说："我很衰老了啊，好久好久啊我没再梦见周公了。"

【注释】

〔1〕周公：姓姬，名旦。是周文王（姬昌）的儿子，周武王（姬发）的弟弟，周成王（姬诵）的叔叔，也是鲁国国君的始祖。传说周公是西周政治礼乐典章制度的制定者，他辅佐周成王，安天下，有德政，是孔子所崇尚的先圣先贤之一。孔子从年轻时就欲行周公之道，但壮志至老未酬。这里表现了孔子对心有馀而力不足，政治抱负已无可能实现的慨叹。

7.6　子曰："志于道，据于德，依于仁，游于艺[1]。"

【今译】

孔子说："以道为志向，以德为根据，以仁为凭借，以六艺为活动范围。"

【注释】

〔1〕游：这里有玩习，熟悉的意思。艺：六艺。指礼（礼节），乐（音乐），射（射箭），御（驾车），书（写字），数（算术）。孔子用这六个方面的知识技艺来培养教授学生。

7.7 子曰:"自行束脩以上[1],吾未尝无诲焉[2]。"

【今译】

孔子说:"〔只要〕愿意亲自来送十条干肉〔作为薄礼〕的人,我从来没有不教诲的。"

【注释】

〔1〕行:实行,做到。束脩:脩(xiū休),干肉。束脩,是捆在一起的一束干肉。每束十条。古代人们常用来作为见面的薄礼。一解为束带修饰,为十五岁时装束,以之代指行年十五。脩,"修"的本字。

〔2〕未尝:未曾,从来没有。

7.8 子曰:"不愤不启[1],不悱不发[2],举一隅不以三隅反[3],则不复也。"

【今译】

孔子说:"〔教学生〕不到他苦思冥想而仍领会不了的时候,不去开导他;不到他想说而又说不出来的时候,不去启发他。告诉他〔方形的〕一个角,他不能由此推知另外三个角,就不要再重复去教他了。"

【注释】

〔1〕愤:思考问题有疑难之处,苦思冥想,而仍然没想通,仍然领会不了的样子。

〔2〕悱(fěi匪):想说而不能明确地表达,说不出来的样子。

〔3〕隅(yú鱼):角落,角。这里比喻从已知的一点,去进行推论,由此及彼,触类旁通。这句就是成语"举一反三"和"启发"一词的由来。

7.9 子食于有丧者之侧[1],未尝饱也。

【今译】
　　孔子在有丧事的人旁边吃饭,未曾吃饱过。

【注释】
　　[1]有丧者:有丧事的人。指刚刚死去亲属的人家。孔子在有丧事的人面前,因同情失去亲人的人,食欲不振,吃饭无味,故云"未尝饱也"。

7.10 子于是日哭[1],则不歌。

【今译】
　　孔子在那一天吊丧哭泣过,就不再唱歌了。

【注释】
　　[1]哭:指给别人吊丧时哭泣。一日之内,由于心里悲痛,馀哀未忘,就不会再唱歌了。

7.11 子谓颜渊曰:"用之则行,舍之则藏[1],惟我与尔有是夫!"子路曰:"子行三军[2],则谁与[3]?"子曰:"暴虎冯河[4],死而无悔者,吾不与也。必也临事而惧,好谋而成者也。"

【今译】
　　孔子对颜渊说:"用我,我就去干;不用我,就隐藏起来。只有我和你能够做到这样吧!"子路〔在一旁插言〕说:"〔老师〕您如果统帅三军〔去作战〕,那么,您要和谁在一起呢?"孔子说:"赤手空拳要和老虎搏斗,没有船要趟水过大河,〔这样做〕死了都不知后悔的人,我不和他在一起。〔我要共事的人〕必须是遇事小心谨慎,严肃认真,善于筹划谋略而能争取成功的人。"

【注释】

〔1〕舍:不用,舍弃。

〔2〕行:视,居……之位。这里犹言指挥,统帅。三军:当时一个大国的所有军队。每军一万二千五百人,三军相当于三万七千五百人。

〔3〕与:在一起,共事。

〔4〕暴虎冯河:"暴",徒手搏击。句中指赤手空拳与老虎搏斗。"冯(píng平)",涉水。句中指无船而徒步趟水过大河。暴虎冯河,是用来比喻那种有勇无谋,冒险行事,而往往导致失败的人。

7.12 子曰:"富而可求也,虽执鞭之士[1],吾亦为之。如不可求,从吾所好[2]。"

【今译】

孔子说:"财富如果是可以求得的,就是去当一名手拿皮鞭的下等差役,我也去做。如果不可以求得,我还是做我所爱好做的事。"

【注释】

〔1〕执鞭之士:指手里拿着皮鞭的下等差役。当时主要指两种人,一种是市场的守门人,执鞭以维持秩序;一种是为贵族外出时夹道执鞭开路、让行人让道的差役。

〔2〕从:顺从,听从。

7.13 子之所慎:齐[1],战[2],疾[3]。

【今译】

孔子小心谨慎对待的事情是:〔祭祀之前的〕斋戒,战争,疾病。

【注释】

〔1〕齐:同"斋"。指古代在祭祀之前虔诚的斋戒。要求不喝酒,不吃荤,不与妻妾同房,沐浴净身,等等,以达到身心的全面整洁。

〔2〕战:战争。因关系国家民族的安危存亡和人民群众的死与伤。

〔3〕疾:疾病。因关系个人的健康与生死。

7.14 子在齐,闻《韶》[1],三月不知肉味[2],曰:"不图为乐之至于斯也。"

【今译】

孔子在齐国,听到了〔演奏〕《韶》乐,三个月吃肉都吃不出什么滋味,说:"真料想不到〔虞舜时创作的〕音乐竟然达到这么迷人的地步。"

【注释】

〔1〕韶:传说是虞舜时创作的乐曲,水平很高,音乐境界很优美。参见前《八佾篇第三》第二十五章注。

〔2〕三月:比喻很长时间,不是实指三个月。

7.15 冉有曰:"夫子为卫君乎[1]?"子贡曰:"诺[2],吾将问之。"入,曰:"伯夷、叔齐何人也?"曰:"古之贤人也。"曰:"怨乎?"曰:"求仁而得仁,又何怨?"出,曰:"夫子不为也。"

【今译】

冉有〔问子贡〕说:"老师会赞成卫国的国君吗?"子贡说:"嗯,我要去问问他。"〔于是,子贡〕进屋去,问〔孔子〕:"伯夷、叔齐是什么样的人呢?"〔孔子〕说:"是古代的贤人。"〔子贡〕

问:"〔伯夷、叔齐〕有怨恨吗?"〔孔子〕说:"〔他们〕求仁德而得到了仁德,还有什么怨恨呢?"〔子贡〕走出屋来〔对冉有〕说:"老师不赞成〔卫国国君〕。"

【注释】

〔1〕为:赞成,帮助。卫君:指卫灵公的孙子卫出公,姓蒯(kuǎi 快上声),名辄(zhé 哲)。公元前492年至公元前481年在位。他的父亲蒯聩,本是灵公所立的世子,但因其谋杀卫灵公的夫人南子未成,被灵公驱逐,逃到了晋国。卫灵公死后,蒯聩被立为国君。这时,晋国的赵简子率军又把蒯聩送回卫国,形成父亲同儿子争夺王位的局面。后来蒯聩以武力进攻其子蒯辄,蒯辄出奔。蒯聩得王位,为卫庄公。公元前478年,晋攻卫,蒯聩奔戎州,被戎州人所杀。蒯辄奔宋之后,卒于越。蒯聩、蒯辄父子争位的事,与古代伯夷、叔齐两兄弟互相让位的事,形成了鲜明的对比。本章这段对话,表明孔子赞扬伯夷、叔齐的"礼让为国",而对蒯聩、蒯辄非常不满。

〔2〕诺:应答声。

7.16 子曰:"饭疏食[1],饮水,曲肱而枕之[2],乐亦在其中矣。不义而富且贵,于我如浮云。"

【今译】

孔子说:"吃粗粮,喝冷水,弯起胳膊垫着当枕头,乐趣就在其中了。用不义的手段得到富与贵,对于我,〔那些富贵〕如同〔天上的〕浮云。"

【注释】

〔1〕饭:作动词用。吃。疏食:指粗粮,粗糙的饭食。

〔2〕肱(gōng 工):由肩到胳膊肘这一部位,一般也泛指胳膊。

7.17 子曰:"加我数年[1],五十以学《易》[2],可以无大过矣。"

【今译】

孔子说:"再给我增添几年寿命,到了五十岁学习《易经》,可以不犯大的错误了。"

【注释】

〔1〕加:增添,增加。

〔2〕五十:五十岁。古人以为五十岁是老年的开始。一说,"五十"是"卒"字之误,在这里用的意思,指学完《易经》。易:又名《周易》、《易经》,古代一本用以占卜、预测吉凶祸福的书。有宗教迷信色彩,但也保存了古代若干朴素辩证法的哲学观点。

7.18 子所雅言[1],《诗》、《书》、执礼,皆雅言也。[2]

【今译】

孔子[有时]讲官话,读《诗经》,念《尚书》,赞礼时,都是用官话。

【注释】

〔1〕雅言:西周的政治中心在今陕西地区,当时称以陕西语音为标准音的"官话",为"雅言"。平时讲话,孔子用的是鲁国的地方方言,但在诵《诗》《书》和赞礼(主持仪礼,当司仪)时,则用"雅言"。

〔2〕此段又或断句作:"子所雅言,《诗》、《书》。执礼,皆雅言也。"亦通。

7.19 叶公问孔子于子路[1],子路不对[2]。子曰:"女奚不曰[3]:其为人也,发愤忘食,乐以忘忧,不知老之将至云尔[4]。"

【今译】

叶公向子路问到孔子,子路没回答。孔子说:"你为什么不说:他的为人啊,发愤时,竟忘记吃饭;快乐时,便忘记忧愁;简直连衰老就会到来也不知道,如此而已。"

【注释】

〔1〕叶(shè 社)公:姓沈,名诸梁,字子高,楚国的大夫。他的封邑在叶城(今河南省叶县南三十里有古叶城),为叶尹,故称叶公。

〔2〕不对:不回答。"对",是应答之意。

〔3〕女:同"汝"。你。奚:何,为什么。

〔4〕云尔:如此而已,罢了。

7.20 子曰:"我非生而知之者,好古,敏以求之者也。"

【今译】

孔子说:"我不是生下来就有知识的人,而是爱好古代文化,勤奋敏捷地去求得知识的人。"

7.21 子不语怪、力、乱、神。

【今译】

孔子不谈论怪异、暴力、变乱、鬼神〔一类的事〕。

7.22 子曰:"三人行,必有我师焉。择其善者而从之,其不善者而改之。"

【今译】

孔子说:"〔如果〕三个人在一起走,其中必定有可以作为我的老师的人。选择他的优点长处,而跟从〔学习〕;看到有什么不好的地方,就〔反省自己〕加以改正。"

7.23 子曰:"天生德于予,桓魋其如予何[1]!"

【今译】

孔子说:"上天使我具有了这种品德,桓魋能把我怎么样!"

【注释】

〔1〕桓魋(tuí 颓):宋国的司马(主管军事行政的长官)。本名向魋,因是宋桓公的后裔,又称桓魋。公元前492年,孔子周游列国,从卫国去陈国时,经过宋国,桓魋听到消息,率兵来阻拦。当时,孔子正在大树下同弟子们演习周礼的仪式,桓魋砍掉大树,而且要杀孔子。孔子离开时,弟子们催促他快些走,他在途中说了这番话。

7.24 子曰:"二三子以我为隐乎[1]?吾无隐乎尔。吾无行而不与二三子者,是丘也。"

【今译】

孔子说:"诸位以为我〔对你们〕有什么隐瞒吗?我没有隐瞒啊。我没有什么行为不能告诉你们,这样才是我孔丘。"

【注释】

〔1〕二三子:这里是孔子客气地称呼弟子们。"二三",表示约数。"子",是尊称。

7.25 子以四教：文[1]，行[2]，忠[3]，信[4]。

【今译】
　　孔子从四个方面教育学生：历史文献，行为规范，忠诚老实，讲究信用。
【注释】
　　〔1〕文：文化知识，历史文献。
　　〔2〕行：行为规范，道德修养，社会实践。
　　〔3〕忠：忠诚老实。
　　〔4〕信：讲信用，言行一致。

7.26 子曰："圣人，吾不得而见之矣，得见君子者，斯可矣[1]。"子曰："善人，吾不得而见之矣，得见有恒者，斯可矣。亡而为有[2]，虚而为盈[3]，约而为泰[4]，难乎有恒矣。"

【今译】
　　孔子说："圣人，我不可能见到了，能看到君子就可以了。"孔子又说："善人，我不可能见到了，能看到有恒心〔保持良好品德节操〕的人，就可以了。〔有的人〕本来没有〔什么知识、本领〕，却假装有；本来空虚，却假装充实；本来穷困，却假装富裕。〔这样的人〕是难以有恒心〔保持良好品德节操〕的。"
【注释】
　　〔1〕斯：就，乃，则。
　　〔2〕亡：同"无"。
　　〔3〕盈：丰满，充实。

〔4〕约:穷困。泰:宽裕,豪华,奢侈。

7.27 子钓而不纲[1],弋不射宿[2]。

【今译】

孔子钓鱼,只用〔有一个鱼钩的〕钓竿,而不用纲;只射飞着的鸟,不射宿窝的鸟。

【注释】

〔1〕纲:本意是提网的大绳。这里指在河流的水面上横着拉一根大绳,上面系有许多鱼钩以钓鱼。

〔2〕弋(yì义):用带绳的箭射鸟,叫"弋"。这种箭箭尾上所系的绳,叫"缴(zhuó浊)",是用生丝做成的,又细又韧,箭发射出去以后,还能靠绳收回再连续用。宿:指归巢宿窝的鸟。

7.28 子曰:"盖有不知而作之者,我无是也。多闻,择其善者而从之;多见,而识之[1]。知之次也[2]。"

【今译】

孔子说:"可能有什么都不懂却在凭空妄作的人,可我不是这样。多听,选择其中好的跟着来学习;多看,记在心里。这样〔学而知之〕,在知识上,〔比"生而知之"的人〕是仅次一等的。"

【注释】

〔1〕识(zhì志):记住。

〔2〕知之次也:即"学而知之者,次也"的意思。"次",即次一等。孔子主张"生而知之者,上也;学而知之者,次也。"参阅《季氏篇第十六》第九章。

7.29　互乡难与言[1]。童子见,门人惑。子曰:"与其进也[2],不与其退也,唯何甚?人洁己以进,与其洁也,不保其往也[3]。"

【今译】
　　互乡这个地方的人很难交谈。〔但〕互乡的一个儿童却受到孔子的接见,弟子们都疑惑不解。孔子说:"我是赞许他向前进,而不是赞成他往后退的。〔做事〕何必做得太过分呢?人家使自己清洁以求进步,我是赞许他的清洁,而不管他以往的行为。"

【注释】
　　[1] 互乡:地名。究竟是何处,已不可确考。一说,北宋地理总志《太平寰宇记》所记徐州沛县合乡的故城,即古时"互乡"之地。
　　[2] 与:赞许,赞成,肯定。下同。
　　[3] 保:守。引申为追究,纠缠。

7.30　子曰:"仁远乎哉?我欲仁,斯仁至矣。"

【今译】
　　孔子说:"仁,〔距离我〕远吗?〔只要〕我想要做到仁,仁就〔随着心念〕到了。"

7.31　陈司败问[1]:"昭公知礼乎[2]?"孔子曰:"知礼。"孔子退,揖巫马期而进之曰[3]:"吾闻君子不党[4],君子亦党乎?君取于吴[5],为同姓,谓之'吴孟子'[6]。君而知礼,孰不知礼!"巫马期以告。子曰:"丘也幸,苟有过,人必知之。"

95

【今译】

　　陈司败问:"鲁昭公知礼吗?"孔子说:"知礼。"孔子出来以后,〔陈司败〕向巫马期作了个揖,走近他说:"我听说君子是不偏袒别人的,难道君子也偏袒别人吗?鲁君娶了一个吴国女子,是同姓,却称她为'吴孟子'。如果说鲁君知礼,还有谁不知礼呢?"巫马期〔把这些话〕告诉孔子。孔子说:"我真幸运,如果有了过错,人家一定会知道。"

【注释】

　　〔1〕陈司败:陈国的司寇(主管司法的官员)。一说,姓陈,名司败,是齐国大夫。

　　〔2〕昭公:鲁国国君,姓姬,名裯(chóu愁),公元前541年至公元前510年在位。"昭"是死后的谥号。

　　〔3〕揖(yī衣):拱手行礼,作揖。巫马期:孔子的弟子,姓巫马,名施,字子期。鲁国人。比孔子小三十岁,生于公元前521年,卒年不详。

　　〔4〕党:偏袒,包庇,有偏私。

　　〔5〕取:同"娶"。

　　〔6〕吴孟子:鲁昭公夫人。春秋时,国君夫人的称号,一般是用她出生的国名加上她的姓。吴孟子姓姬,便应称"吴姬"。但是,吴国与鲁国的国君都姓姬(吴国是周文王的伯父太伯的后代,鲁国是周文王的儿子周公姬旦的后代),按照周礼的规定,同姓是不能通婚的。为了掩人耳目,鲁昭公避讳,不称她为"吴姬",而称"吴孟子"("孟",指她是长女;"子",是宋国的姓。一说,"孟子"是昭公夫人的名字,见《左传·哀公十二年》)。故陈司败批评指责他"君而知礼,孰不知礼"。然而,孔子为什么还说鲁昭公"知礼"呢?这是因为周礼提倡"为尊者讳,为贤者讳,为亲者讳"。孔子宁可自己承担过错,而不说鲁君不知礼。

7.32　子与人歌而善,必使反之[1],而后和之[2]。

【今译】

孔子同别人一起唱歌,〔如果〕别人唱得好,就一定让他再唱一遍,然后自己跟着〔他的音调〕唱和。

【注释】

〔1〕反:反复,再一次。

〔2〕和(hè贺):跟随着唱,应和,唱和。

7.33 子曰:"文,莫吾犹人也[1]。躬行君子,则吾未之有得。"

【今译】

孔子说:"在文化方面,大概我和别人差不多。至于做一个身体力行的君子,我还没有做到。"

【注释】

〔1〕莫:推测之词。大概,或者,也许。一说,"文莫"连读,即"忞慔",意为黾(mǐn敏)勉努力。句中的意思是:在奋勉努力方面,我和别人差不多。

7.34 子曰:"若圣与仁,则吾岂敢! 抑为之不厌[1],诲人不倦,则可谓云尔已矣[2]。"公西华曰:"正唯弟子不能学也。"

【今译】

孔子说:"如果说到'圣'与'仁',那我怎么敢当!〔我〕只不过〔要朝着'圣'与'仁'的方向〕努力而从不满足,教育别人从不感到疲倦,〔对于我〕尚且可以这样说吧。"公西华说:"这正是弟子学不到的。"

97

【注释】

〔1〕抑:转折语气词。然则,抑或,或许。

〔2〕云尔:这样,如此。

7.35 子疾病[1],子路请祷[2]。子曰:"有诸[3]?"子路对曰:"有之。《诔》曰[4]:'祷尔于上下神祇[5]。'"子曰:"丘之祷久矣[6]。"

【今译】

孔子病重,子路请求祈祷。孔子说:"有这个道理吗?"子路回答说:"有的。《诔》文上说:'为您向天地上下的神灵祈祷。'"孔子说:"我在祈祷已经很久了。"

【注释】

〔1〕疾病:"疾",就是病。再加一个"病"字,指病情严重。

〔2〕祷:向鬼神祝告,请求福祐。

〔3〕诸:"之乎"的合音。

〔4〕诔(lěi 垒):一种对死者表示哀悼的文章。这里当作"讄",指古代为生者向鬼神祈福的祷文。

〔5〕神祇(qí 奇):古代称天神为"神",地神为"祇"。

〔6〕"丘之"句:"久",长久。这句话的言外之意:你不必再祈祷了。孔子并不相信向鬼神祈祷能治好病,所以婉言谢绝子路的请求。

7.36 子曰:"奢则不孙[1],俭则固[2]。与其不孙也,宁固。"

【今译】

孔子说:"奢侈了就会不逊,节俭了就〔显得〕鄙陋。与其不逊,宁可鄙陋。"

【注释】

〔1〕 孙:同"逊"。恭顺,谦让。

〔2〕 固:固陋,鄙陋,小气,寒酸。

7.37 子曰:"君子坦荡荡[1],小人长戚戚[2]。"

【今译】

孔子说:"君子心胸平坦宽广,小人局促经常忧愁。"

【注释】

〔1〕 坦:安闲,开朗,直率。荡荡:宽广,辽阔。

〔2〕 长:经常,总是。戚戚:忧愁,哀伤,局促不安,患得患失。

7.38 子温而厉,威而不猛,恭而安。

【今译】

孔子温厚而又严肃,有威严而不凶猛,恭谨而又安详。

泰伯篇第八
（共二十一章）

主要讲孔子、曾子的言论,及对古人的评赞。

8.1 子曰:"泰伯其可谓至德也已矣[1],三以天下让[2],民无得而称焉。"

【今译】

孔子说:"泰伯可以称得上是品德最高尚的人了,三次以天下相让,人民真不知该怎样称赞他。"

【注释】

〔1〕泰伯:周朝姬氏的祖先有名叫古公亶(dǎn 胆)父的,又称"太王"。古公亶父共有三个儿子:长子泰伯(又称"太伯"),次子仲雍,三子季历(即周文王姬昌的父亲)。传说古公亶父见孙儿姬昌德才兼备,日后可成大业,便想把王位传给季历,以谋求后世能扩展基业,有所发展。泰伯体察到了父亲的意愿,就主动把王位的继承权让给三弟季历;而季历则认为,按照惯例,王位应当由长兄继承,自己也不愿接受。后来,泰伯和二弟仲雍密谋,以去衡山采药为名,一起悄悄离开国都,避居于荆蛮地区的勾吴。泰伯后成为周代吴国的始祖。

〔2〕"三以"句:"天下",代指王位。第一次让,是泰伯离开国都,避而出走。第二次让,是泰伯知悉父亲古公亶父去世,故意不返回奔丧,以避免被众臣拥立接受王位。第三次让,是发丧之后,众臣议立新国君时,泰伯在荆蛮地区,索性与当地黎民一样,断发纹身,表示永不返回。这样,他的三弟季历只好继承王位。有了泰伯的这"三让",才给后来姬昌(周文

王)继位统一天下创设了条件,奠定了基础。因此,孔子高度称赞泰伯。

8.2 子曰:"恭而无礼则劳,慎而无礼则葸[1],勇而无礼则乱,直而无礼则绞[2]。君子笃于亲[3],则民兴于仁;故旧不遗,则民不偷[4]。"

【今译】

孔子说:"〔只是容貌态度〕恭敬而没有礼〔来指导〕就会劳扰不安;〔只是做事〕谨慎而没有礼〔来指导〕就会畏缩多惧;〔只是〕刚强勇猛而没有礼〔来指导〕就会作乱;〔只是〕直率而没有礼〔来指导〕就会说话刻薄尖酸。君子如果厚待亲族,老百姓就会按仁德来行动;君子如果不遗忘故旧,老百姓也就厚道了。"

【注释】

〔1〕葸(xǐ 洗):过分拘谨,胆怯懦弱。
〔2〕绞:说话尖酸刻薄,出口伤人;太急切而无容忍。
〔3〕笃(dǔ 赌):诚实,厚待。
〔4〕偷:刻薄。

8.3 曾子有疾[1],召门弟子曰:"启予足[2],启予手!《诗》云:'战战兢兢,如临深渊,如履薄冰[3]。'而今而后,吾知免夫。小子[4]!"

【今译】

曾子病危,召集他的弟子们来,说:"〔掀开被子〕看看我的脚,看看我的手〔有无毁伤之处〕。《诗经》中说:'战战兢兢,就好像站在深渊旁边,就好像踩在薄冰之上。'从今以后,我知道〔我的身体〕会免于毁伤了。弟子们!"

【注释】

〔1〕曾子:曾参,孔子的弟子。《论语》成书时,后世门生记其言行,尊称为"子"。

〔2〕启:开。这里指掀开被子看一看。一说,同"晵",看。

〔3〕"战战兢兢"句:引自《诗经·小雅·小旻(mín 民)》篇。曾参借用这句话,表明自己一生处处小心谨慎,避免身体受损伤,算是尽了孝道。据《孝经》载,孔子曾对曾参说:"身体发肤受之父母,不敢毁伤,孝之始也。""履",本义是单底鞋,也泛指鞋。这里作动词用,走,踩,步行。

〔4〕小子:称弟子们。这里说完一番话之后再呼弟子们,表示反复叮咛。

8.4 曾子有疾,孟敬子问之〔1〕。曾子言曰:"鸟之将死,其鸣也哀〔2〕;人之将死,其言也善。君子所贵乎道者三:动容貌〔3〕,斯远暴慢矣;正颜色,斯近信矣;出辞气〔4〕,斯远鄙倍矣〔5〕。笾豆之事〔6〕,则有司存〔7〕。"

【今译】

曾子病危,孟敬子去探望他。曾子说:"鸟将要死的时候,鸣叫的声音是悲哀的;人将要死的时候,说的话是善意的。君子应当重视的道德有三方面:使容貌谦和严肃,就可以避免粗暴急躁,放肆怠慢;使脸色正派庄重,就接近于诚实守信;说话注意言词〔得体〕和口气〔声调合宜〕,就可以避免粗野和背理。至于祭祀和礼节仪式,自有主管的官吏去办。"

【注释】

〔1〕孟敬子:姓仲孙,名捷,武伯之子,鲁国大夫。问:看望,探视,问候。

〔2〕也:句中语气助词。表示提顿,以起下文,兼有舒缓语气的

作用。

〔3〕动容貌:即"动容貌以礼"。指容貌谦和,恭敬,从容,严肃,礼貌等。

〔4〕出辞气:即"出辞气以礼"。"出",是出言,发言。"辞气",指所用的词句和语气。

〔5〕鄙倍:"鄙",粗野。"倍",同"背"。指背理,不合理,错误。

〔6〕笾豆之事:"笾(biān 边)",古代一种竹制的礼器,圆口,下面有高脚,在祭祀宴享时用来盛果脯。"豆",古代一种盛食物盛肉的器皿,木制,有盖,形状像高脚盘。笾和豆都是古代祭祀和典礼中的用具。笾豆之事,就是指祭祀或礼仪方面的事务。

〔7〕有司:古代指主管某一方面事务的官吏。这里具体指管理祭祀或仪礼的小官吏。存:有,存在。

8.5 曾子曰:"以能问于不能,以多问于寡;有若无,实若虚;犯而不校[1]。昔者吾友尝从事于斯矣[2]。"

【今译】

曾子说:"有才能却向没有才能的人询问,知识多的却向知识少的人询问;有〔本事〕却好像没有,〔知识学问〕很充实却好像很空虚;被人冒犯也不去计较。从前我的朋友曾经这样做过。"

【注释】

〔1〕校(jiào 叫):计较。

〔2〕吾友:我的朋友。有人认为:曾参指的是他的同学颜回。

8.6 曾子曰:"可以托六尺之孤[1],可以寄百里之命[2],临大节而不可夺也[3]。君子人与[4]?君子人也!"

103

【今译】

　　曾子说:"可以把年幼的孤儿托付给他,可以把国家的命运委托给他,面临重大考验有气节而不动摇屈服。这是君子一类的人吗?是君子一类的人啊!"

【注释】

　　〔1〕六尺之孤:孩子死去父亲,叫"孤"。六尺之孤,指尚未成年而登基接位的年幼君主。古代的"尺"短,一尺合现代市尺六寸九分。身长"六尺",其实只合现在四尺一寸四分(约138公分),一般指未成年的小孩(十五岁以下)。

　　〔2〕寄百里之命:"寄",寄托,委托。"百里",指方圆百里的一个诸侯国。"命",指国家的政权与命运。

　　〔3〕不可夺:指其志不可夺,不能使他动摇屈服。

　　〔4〕与:同"欤"。语气词。

8.7　曾子曰:"士不可以不弘毅[1],任重而道远。仁以为己任[2],不亦重乎?死而后已,不亦远乎?"

【今译】

　　曾子说:"士,不可以不心胸开阔、意志坚强,〔因为〕责任重大,道路遥远。把实现'仁'看作是自己的任务,不也是很重大吗?〔要终生为之奋斗〕到死才停止,不也是很遥远吗?"

【注释】

　　〔1〕弘毅:"弘",广大,开阔,宽广。"毅",坚强,果敢,刚毅。宋代儒学家程颢解说:"弘而不毅,则无规矩而难立;毅而不弘,则隘陋而无以居之。""弘大刚毅,然后能胜重任而远到。"

　　〔2〕"仁以"句:"以仁为己任"的倒装句。把实现"仁"看作是自己的任务。

8.8　子曰:"兴于《诗》[1],立于礼[2],成于乐[3]。"

【今译】

孔子说:"用《诗经》激励志气,用礼作为行为规范的立足点,用乐完成人格修养社会之治。"

【注释】

〔1〕兴:兴起,勃发,激励;受到《诗经》的感染,而热爱真善美,憎恨假恶丑。

〔2〕立:立足于社会,树立道德。

〔3〕成:完成,达到。这里指以音乐来陶冶性情,涵养高尚的人格,完成学业,最终达到全社会"礼乐之治"的最高境界。

8.9　子曰:"民可使由之[1],不可使知之。"

【今译】

孔子说:"对老百姓,可以使他们顺着当政者所指点的路线去走,而不可以使他们都知道为什么这样走。"

【注释】

〔1〕由:从,顺从,听从,经由什么道路。孔子认为下层百姓的才智能力、认识水平、觉悟程度各不一样,当政者在施行政策法令时,只能要求他们遵照着去做,而不可以使人人都知道这样做的道理。

8.10　子曰:"好勇疾贫[1],乱也。人而不仁[2],疾之已甚[3],乱也。"

【今译】

孔子说:"爱勇敢而恨贫穷,会闯乱子。对不仁的人,恨得太厉害,也会激出祸乱。"

【注释】

〔1〕疾:厌恶,憎恨。

〔2〕人而不仁:不仁的人。

〔3〕已甚:太过分,很厉害。

8.11 子曰:"如有周公之才之美,使骄且吝[1],其馀不足观也已。"

【今译】

孔子说:"〔一个人〕假如有周公那样美好的才能,只要骄傲自大而且吝啬小气,馀下的也就不值得一看了。"

【注释】

〔1〕吝(lìn赁):吝啬,小气,过分爱惜,应当用而不用。

8.12 子曰:"三年学,不至于谷[1],不易得也。"

【今译】

孔子说:"学了三年,并不转到要官做求俸禄的念头上去,是难得的啊。"

【注释】

〔1〕谷:谷子,小米。古代官吏以谷子来计算俸禄,这里以"谷"代指做官及其俸禄。

8.13 子曰:"笃信好学,守死善道[1],危邦不入,乱邦不居[2]。天下有道则见[3]，无道则隐。邦有道，贫且贱焉，耻也；邦无道，富且贵焉，耻也。"

【今译】

孔子说："坚定信念，努力学习，誓死保全并爱好〔治国作人之〕道，有危险的国家，不要进入；有祸乱的国家，不要在那儿居住。天下有道，就出来从政；天下无道，就隐居起来。国家有道，而自己贫贱，是耻辱；国家无道，而自己富贵，也是耻辱。"

【注释】

〔1〕道：这里指治国作人的原则与方法。下文"邦有道""邦无道"则指社会政治局面的好与坏，国家政治是否走上正道。

〔2〕危邦，乱邦：东汉儒学家包咸解说："臣弑君，子弑父，乱也；危者，将乱之兆（征兆，预兆）也。"

〔3〕见：同"现"。表现，出现，出来。

8.14 子曰："不在其位，不谋其政[1]。"

【今译】

孔子说："不在那个职位上，就不要过问那方面的政事。"

【注释】

〔1〕谋：参与，考虑，谋划。

8.15 子曰："师挚之始[1]，《关雎》之乱[2]，洋洋乎盈耳哉！"

【今译】

孔子说："从太师挚演奏开始，到结尾演奏《关雎》，多么美盛啊,那充满在我耳朵中的乐曲!"

【注释】

〔1〕师挚之始:"师",指太师,乐师。鲁国的乐师名挚(zhì志),一名"乙"。因他擅长弹琴,又称"琴挚"。"始",乐曲的开端,即序曲。古代奏乐,开端叫"升歌",一般由太师演奏,故说"师挚之始"。

〔2〕关雎:《诗经》的第一篇。参见前《八佾篇第三》第二十章。乱:乐曲结尾的一段,由多种乐器合奏。这里指演奏到结尾时所奏的《关雎》乐章。

8.16 子曰:"狂而不直,侗而不愿[1],悾悾而不信[2],吾不知之矣。"

【今译】

孔子说:"〔有的人〕狂妄而不正直,幼稚无知还不谨慎,表面上诚恳却不守信用,我不知道这种人怎么会这样。"

【注释】

〔1〕侗(tóng同):幼稚无知。愿:谨慎,老实,厚道。

〔2〕悾悾(kōng空):诚恳。这里指表面上装出诚恳的样子。

8.17 子曰:"学如不及,犹恐失之。"

【今译】

孔子说:"学习就像追赶〔什么〕而追不上那样,〔追上了〕还恐怕再失去它。"

8.18 子曰:"巍巍乎[1],舜、禹之有天下也,而不与焉[2]。"

【今译】

孔子说:"多么崇高伟大啊,舜、禹得到了天下,却不去谋取个人的私利呀。"

【注释】

〔1〕巍巍:本是形容高大雄伟的山,在这里用,是赞美舜和禹的崇高伟大。

〔2〕而不与焉:历来学者有四种解释:一、"与",赞许。意思是:舜、禹,难道不值得赞许吗?二、"与",同"举"。拔取,夺取。意思是:舜、禹得到天下,不是靠夺取而来的。三、"与",参与政事。意思是:舜、禹得到天下,重视选贤任能,发挥大臣们的作用,自己并不亲自干预具体的政事。四、"与",同"预"。参与,含有私自占有和享受的意思。意思是:尧把天下禅让给舜,舜后来又禅让给禹,他们不是孜孜以求王位,不以得到王位为乐;虽然得了天下,却好像同自己不相关一样,不以国君的地位去谋取个人的私利、贪图个人的享受。本书取此说。

8.19 子曰:"大哉,尧之为君也!巍巍乎,唯天为大,唯尧则之〔1〕。荡荡乎〔2〕,民无能名焉〔3〕。巍巍乎,其有成功也。焕乎〔4〕,其有文章〔5〕。"

【今译】

孔子说:"伟大呀,尧做为这样的君主!多么崇高啊,只有天是最高大的,只有尧才能效法天。他的恩德功绩多么广大啊,人民不知该怎样称赞他。多么崇高啊,他成就的功业。多么光辉啊,他制定的礼乐典章制度。"

【注释】

〔1〕则:效法,取法。

〔2〕荡荡:广大,广远,广博无边。

〔3〕名:用言语去形容,赞美。

109

〔4〕焕:光辉,光明。

〔5〕文章:指礼乐典章制度。

8.20 舜有臣五人[1],而天下治。武王曰:"予有乱臣十人[2]。"孔子曰:"才难。不其然乎?唐虞之际[3],于斯为盛[4],有妇人焉,九人而已。三分天下有其二[5],以服事殷。周之德,其可谓至德也已矣。"

【今译】

舜有贤臣五人,就能把天下治理好。周武王说:"我有能治理国家的大臣十人。"孔子〔因此〕说:"人才难得。难道不是这样么?在唐尧、虞舜时代〔之后〕,周武王时期人才最盛,然而〔十位治国大臣中〕有一人是妇女,实际上只有九人而已。〔周文王〕已经占有了三分之二的天下,他却仍然向殷纣王称臣。周朝的道德,可以说是最高的了。"

【注释】

〔1〕"舜有"句:传说舜有五位贤臣,分别是:禹,稷(jì记),契(xiè谢),皋陶(gāo yáo高摇),伯益。

〔2〕乱臣十人:"乱",在这里是治理的意思。"乱臣",指能治理国家的大臣。十人是:周公旦,召公奭(shì式),太公望,毕公,荣公,太颠,闳夭,散宜生,南宫适(武王曾命他"散鹿台之财,发钜桥之粟,以赈贫弱"。与孔子弟子南宫适不是一人),另有一名妇女是邑姜(南宫适夫人,专管内务)。

〔3〕唐虞之际:尧舜之时。"唐",尧的国号。"虞",舜的国号。"际",时期,时候。

〔4〕斯:代词。指周武王时代。

〔5〕"三分"句:传说商纣时天下分为九州,归附文王的已有六个州(荆、梁、雍、豫、徐、扬),只有青、兖、冀三州属商纣王。

8.21 子曰:"禹,吾无间然矣[1]!菲饮食而致孝乎鬼神[2];恶衣服而致美乎黻冕[3];卑宫室而尽力乎沟洫[4]。禹,吾无间然矣!"

【今译】
孔子说:"对于禹,我没有可批评的地方啊。他的饮食菲薄,却尽量〔以丰洁的祭品〕孝敬鬼神;他平时穿衣服很简朴,而祭祀时却尽量穿华美的礼服;他住的宫室低矮狭小,却尽力兴修水利,挖沟开田间水道。对于禹,我没有可批评的地方啊!"

【注释】
〔1〕间(jiàn 建):本意指空隙。这里用作动词,含有挑剔、批评、非议等意思。
〔2〕菲(fěi 匪):菲薄,不丰厚。致:致力,努力去做。
〔3〕黻冕(fú miǎn 符免):祭祀时穿的礼服,叫黻;官职在大夫以上的人戴的礼帽,叫冕。
〔4〕卑:低矮狭小,简陋。洫(xù 序):田间的水道,起着正疆界、备旱涝的作用。

子罕篇第九
（共三十章）

主要讲孔子提倡礼制,鼓励人们好学不倦;以及记述孔子不肯说什么,不肯做什么。

9.1 子罕言利[1],与命与仁[2]。

【今译】
孔子很少谈财利,赞同天命,赞许仁德。

【注释】
〔1〕罕:少。
〔2〕与:赞同,肯定。一说,"与",是连词"和"。则此句的意思为:孔子很少谈财利、天命和仁德。宋儒程颐就曾说:"计利则害义,命之理微,仁之道大,皆夫子所罕言也。"但是,综观《论语》全书,共用"命"字21次,其中含"命运""天命"意义的,有10次;共用"仁"字109次,其中含"仁德"意义的达105次。由此看来,说孔子很少谈天命和仁德,是缺乏根据的。

9.2 达巷党人曰[1]:"大哉孔子!博学而无所成名。"子闻之,谓门弟子曰:"吾何执[2]?执御乎?执射乎?吾执御矣。"

【今译】

达巷那个地方的人说:"真伟大呀孔子!知识学问很广博,而没有可以成名的专长。"孔子听到这话,对本门弟子们说:"我专做什么呢?做驾车的事吗?做射箭的事吗?〔那么〕我从事驾车吧!"

【注释】

〔1〕达巷党人:达巷那个地方的人。"达巷",地名。山东省滋阳县(今兖州市)西北,相传即达巷党人所居。"党",古代地方组织,五百家为一党。一说,"达巷党人",指项橐(tuó驼)。传说项橐七岁为孔子师。

〔2〕执:专做,专门从事。

9.3 子曰:"麻冕[1],礼也;今也纯[2],俭[3]。吾从众。拜下[4],礼也;今拜乎上,泰也[5]。虽违众,吾从下。"

【今译】

孔子说:"用麻布做的礼帽,符合古礼;现在用丝绸做,比较节俭。我赞成众人的做法。〔臣见君王〕先在堂下跪拜行礼〔然后升堂再跪拜一次〕,符合古礼;现在〔臣见君,不先在堂下拜,而是直接〕升堂时行一次跪拜礼,这是高傲轻慢的表现。虽然违反众人的做法,我还是赞成先在堂下行跪拜礼。"

【注释】

〔1〕麻冕:用麻布制成的礼帽。按古时规定,要用两千四百根麻线,织成二尺二寸宽(约合现在一尺五寸)的布来做。很费工,所以不如用丝绸俭省。

〔2〕纯:黑色的丝绸。

〔3〕俭:节俭,俭省。

〔4〕拜下:按照传统古礼,臣见君王,先在堂下跪拜;君王打了招呼之后,到堂上再跪拜一次。

〔5〕泰:轻慢,骄奢。

9.4　子绝四:毋意[1],毋必[2],毋固[3],毋我[4]。

【今译】

孔子杜绝了四种缺点:不凭空猜测意料,不绝对肯定,不固执拘泥,不自以为是。

【注释】

〔1〕毋:同"勿"。不,不要。意:推测,猜想。
〔2〕必:必定,绝对化。
〔3〕固:固执,拘泥。
〔4〕我:自私,自以为是,唯我独尊。

9.5　子畏于匡[1],曰:"文王既没[2],文不在兹乎[3]?天之将丧斯文也,后死者不得与于斯文也[4];天之未丧斯文也,匡人其如予何[5]!"

【今译】

孔子在匡地受到围困拘禁,他说:"周文王已经死了,周代的文化遗产不都是在我这里吗?上天如果想要毁灭这种文化,我就不可能掌握这种文化了;上天如果不要毁灭这种文化,匡人能把我怎么样呢?"

【注释】

〔1〕子畏于匡:"畏",受到威胁,被拘禁。"匡",地名。今河南省长垣县西南十五里有"匡城",疑即此地。公元前496年,孔子从卫国去陈国时,经过匡地,被围困拘禁。其原因有二:一、当时楚国正进攻卫、陈,群众不了解孔子,对他怀疑,有敌意,有戒心。二、匡地曾遭受鲁国阳货的侵扰暴虐。阳货,又名阳虎(一说,字货),是春秋后期鲁国季氏的家臣,权势很

大。当阳货侵扰匡地时,孔子的一名弟子颜克曾经参与。这次,孔子来到匡地,正好是颜克驾马赶车,而孔子的相貌又很像阳货,人们认出了颜克,于是以为是仇人阳货来了,便将他包围,拘禁了五天,甚至想杀他。直到弄清真情,才放了他们。

〔2〕文王:周文王。姓姬,名昌,西周开国君王周武王(姬发)的父亲。孔子认为文王是古代圣人之一。

〔3〕兹:这,此。这里指孔子自己。

〔4〕后死者:孔子自称。与:参与。引申为掌握,了解。一说,通"举"。兴起。

〔5〕如予何:把我如何,能把我怎么样。"予",我。

9.6 太宰问于子贡曰[1]:"夫子圣者与[2]?何其多能也?"子贡曰:"固天纵之将圣[3],又多能也。"子闻之,曰:"太宰知我乎?吾少也贱,故多能鄙事[4]。君子多乎哉?不多也。"

【今译】

太宰问子贡道:"孔夫子是圣人吧?怎么这样多才多艺呢?"子贡说:"这本是上天使他成为圣人,又使他多才多艺的。"孔子听到后,说:"太宰了解我吗?我少年时贫贱,所以会许多卑贱的技艺。〔地位高的〕君子会有这么多的技艺吗?不会多啊。"

【注释】

〔1〕太宰:周代掌管国君宫廷事务的官员。当时,吴、宋二国的上大夫,也称太宰。一说,这人就是吴国的太宰伯嚭(pǐ 匹),不可确考。

〔2〕与:同"欤"。语气助词。

〔3〕纵:让,使,听任,不加限量。

〔4〕鄙事:低下卑贱的事。孔子年轻时曾从事农业劳动,放过羊,赶

过车,当过仓库保管,还当过司仪,会吹喇叭演奏乐器等等。

9.7 牢曰[1]:"子云:'吾不试[2],故艺。'"

【今译】

牢说:"孔子说过:'〔年少时〕我没有〔被任用〕做官,所以学会许多技艺。'"

【注释】

〔1〕牢:有人认为是孔子的弟子琴牢。姓琴,字子开,一字子张,或称"琴张"。卫国人。但《史记·仲尼弟子列传》并无此人。

〔2〕试:用。引申为被任用,做官。

9.8 子曰:"吾有知乎哉?无知也。有鄙夫问于我[1],空空如也。我叩其两端而竭焉[2]。"

【今译】

孔子说:"我有知识吗?没有知识。有位乡下人问我〔一些问题〕,我脑子里像是空空的;可是我询问了〔那些问题的〕正反两方面,就完全有了〔答案〕。"

【注释】

〔1〕鄙夫:这里指乡村的人。"鄙",周制,以五百家为"鄙"。后也称小邑、边邑为"鄙"。

〔2〕叩:询问。两端:两头。指事情(问题)的正反、始终、本末等两个方面。竭:完全,穷尽。

9.9 子曰:"凤鸟不至[1],河不出图[2],吾已矣夫!"

【今译】

孔子说:"凤鸟不飞来,黄河也不出现八卦图,我〔这一生〕将要完了!"

【注释】

〔1〕凤鸟:古代传说中的一种神鸟。雄的叫"凤",雌的叫"凰",羽毛非常美丽,为百鸟之王。传说凤鸟在舜的时代和周文王时代出现过。凤鸟的出现,象征着天下太平,"圣王"将要出世。

〔2〕图:传说上古伏羲时代,黄河中有龙马背上驮着"八卦图"出现。"图"的出现,是"圣人受命而王"的预兆。《尚书·周书·顾命》篇,记有"河图"之事。文中,孔子以"凤""图"之说,表示自己对当时政治黑暗,天下混乱,"大道不行"的失望。

9.10 子见齐衰者[1],冕衣裳者与瞽者[2],见之,虽少,必作[3];过之,必趋[4]。

【今译】

孔子遇见穿丧服的人,戴礼帽穿礼服的人和盲人,虽然他们年轻,相见时,孔子一定站起身来;在他们面前经过的时候,也一定要恭敬地迈小步快快走过。

【注释】

〔1〕齐衰(zī cuī 资崔):古代用麻布做的丧服。为五服之一,因其缉边缝齐,故称。"齐",衣的下摆。

〔2〕冕衣裳者:"冕",做官人戴的高帽子;"衣",上衣;"裳",下服。总起来指穿着礼服(官服)的人。瞽(gǔ 古):双目失明,盲人。

〔3〕作:站起身来。表示同情和敬意。

〔4〕趋:迈小步快走。也是表示敬意。

9.11 颜渊喟然叹曰[1]:"仰之弥高[2],钻之弥坚[3];瞻之在前[4],忽焉在后。夫子循循然善诱人[5],博我以文,约我以礼,欲罢不能,既竭吾才。如有所立卓尔[6],虽欲从之,末由也已[7]。"

【今译】

颜渊感叹地说:"〔老师的道德品格和学识,〕抬头仰望,越望越觉得高;努力去钻研,越钻研越觉得艰深;看着好像在前面,忽然又像是在后面。老师善于一步一步地诱导人,用文化典籍来丰富我的知识,用礼节来约束我的行动,使我想停止前进也不可能,直到竭尽了我的才力〔也不能停止学习〕。总好像有一个非常高大的东西立在前面,虽然很想要攀登上去,却没有途径。"

【注释】

〔1〕喟(kuì 溃):叹气,叹息。

〔2〕弥:更加,越发。

〔3〕钻:深入钻研。坚:本意是坚硬,坚固。这里引申为深,艰深。

〔4〕瞻(zhān 沾):看,视。

〔5〕循循然:一步一步有次序地。诱:引导,诱导。

〔6〕卓尔:高大直立的样子。

〔7〕末由:指不知从什么地方,不知怎么办,没有办法去达到。"末",没有,无。"由",途径。

9.12 子疾病[1],子路使门人为臣[2]。病间[3],曰:"久矣哉,由之行诈也[4]!无臣而为有臣。吾谁欺?欺天乎?且予与其死于臣之手也,无宁死于二三子之手乎[5]?且予纵不得大葬[6],予死于道路乎?"

【今译】

孔子病重,子路派弟子去做家臣〔以便负责料理后事〕。后来孔子的病好转一些,便说:"很久了啊,仲由干这种欺骗人的事!我本来没有家臣,却要装作有家臣。让我欺骗谁呢?欺骗上天吗?况且,我与其在家臣的料理下死去,倒不如在弟子你们的料理下死去。而且,我即使不能以大夫之礼来隆重安葬,难道我会死在道路上吗?"

【注释】

〔1〕疾病:"疾",生病。"病",病重,病危。

〔2〕臣:指家臣。按当时礼法,只有受封的大夫,才有家臣,死后丧事,也是由家臣负责料理。孔子那时已经不做官了,本来没有家臣,但是子路却要安排门人去充当孔子的家臣,这是为了摆一下排场,准备以大夫之礼来安葬孔子。

〔3〕间(jiàn见):本指间隙。这里指疾病好了一些,病势转轻。

〔4〕由:即子路。姓仲名由,子路是字。

〔5〕无宁:"无",发语词,没有意义。"宁",宁可。"无宁"常与"与其"连用,表示选择。"与其"用在放弃的一面,"无宁"用在肯定的一面。二三子:对弟子们的称呼,犹言"你们几位"。

〔6〕大葬:指按葬大夫的礼节来安葬。

9.13 子贡曰:"有美玉于斯,韫椟而藏诸[1]?求善贾而沽诸[2]?"子曰:"沽之哉!沽之哉!我待贾者也!"

【今译】

子贡说:"有一块美玉在这里,是把它放入柜子里收藏起来呢?还是找一个识货的商人卖掉它呢?"孔子说:"卖它吧!卖它吧!我正等着识货的商人哩!"

【注释】

〔1〕韫椟:"韫(yùn 运)",收藏起来。"椟(dú 毒)",柜子。后以"韫椟"表示怀才未用。

〔2〕贾(gǔ 古):商人。古代称行商,为商;有固定店铺的商人,为贾。沽(gū 姑):卖,买。诸:"之乎"二字的合音。

9.14 子欲居九夷[1]。或曰:"陋[2],如之何?"子曰:"君子居之,何陋之有?"

【今译】

孔子想要迁到九夷地方居住。有人说:"那里很落后,如何能居住呢?"孔子说:"君子居住到那里〔去实行教化〕,还有什么落后的呢?"

【注释】

〔1〕九夷:我国古代称东部的少数民族为夷。至于"九夷",或说是指九个不同的部族;或说是对东部夷族地区的总称;或说即"淮夷",是散居于淮水、泗水之间的一个部族。已不可确考。

〔2〕陋:本义是狭小,简陋。这里引申为经济、文化的落后。

9.15 子曰:"吾自卫反鲁[1],然后乐正,《雅》、《颂》各得其所[2]。"

【今译】

孔子说:"我自卫国返回鲁国,然后把乐曲进行了整理订正,使雅归雅,颂归颂,各归于适当的位置。"

【注释】

〔1〕自卫反鲁:"反",同"返"。指公元前484年(鲁哀公十一年)冬,因卫国发生内乱,孔子从那儿返回鲁国,结束了他十四年来"周游列国"的

生活。

〔2〕雅,颂:《诗经》篇章分《风》、《雅》、《颂》三大类。在古代,《诗经》305篇诗,都是能唱的。不同的诗配有不同的乐曲。奏于朝曰雅,奏于庙曰颂。这里指《雅》、《颂》的乐章内容和曲谱,都得到了孔子的整理与订正,而教之于徒,传之于世。

9.16 子曰:"出则事公卿,入则事父兄,丧事不敢不勉,不为酒困,何有于我哉[1]?"

【今译】

孔子说:"在外〔从政就职〕事奉君王公卿,在家事奉父母兄长,办理丧事不敢不勤勉尽力,就是喝酒也不致被醉倒,〔这些事〕我做到了哪些呢?"

【注释】

〔1〕"何有"句:一说,此句意为:我还有什么困难或遗憾呢?

9.17 子在川上曰:"逝者如斯夫[1],不舍昼夜[2]。"

【今译】

孔子在河边说:"消逝的时光就像这河水一样啊!日日夜夜不停地流去。"

【注释】

〔1〕逝者:指逝去的岁月、时光。斯:这。这里指河水。夫(fú扶):语气助词。

〔2〕舍:止,停留。

9.18　子曰:"吾未见好德如好色者也[1]。"

【今译】
孔子说:"我没见过爱慕德行像爱慕美色〔那样热切〕的人。"

【注释】
〔1〕"吾未见"句:据《史记·孔子世家》记载,孔子"居卫月馀,灵公与夫人(南子)同车,宦者雍渠参乘出,使孔子为次乘(后面的第二部车子),招摇市过之"。孔子因而发出了这一感叹。

9.19　子曰:"譬如为山,未成一篑[1],止,吾止也。譬如平地,虽覆一篑[2],进,吾往也[3]。"

【今译】
孔子说:"比如用土来堆一座山,只差一筐土便能堆成,可是停止了,那是我自己停止的。比如在平地上〔堆土成山〕,虽然才倒下一筐土,可是前进〔继续堆土〕,那是我自己坚持往前的。"

【注释】
〔1〕篑(kuì溃):装土用的竹筐子。
〔2〕覆:底朝上翻过来倾倒。
〔3〕往:犹言前进。这几句话的言外之意是:办事中道而止,则前功尽弃,停止或前进,责任在自己而不在别人。

9.20　子曰:"语之而不惰者[1],其回也与[2]!"

【今译】
孔子说:"听我对他说话而不懈怠的,莫非只有颜回吧!"

【注释】

〔1〕惰:懈怠,不恭敬。

〔2〕其:表示揣测、反诘。莫非,难道,也许。与:同"欤"。语气助词。

9.21 子谓颜渊曰:"惜乎! 吾见其进也,未见其止也。"

【今译】

孔子谈到颜渊,〔追叹〕说:"真可惜呀〔他不幸死了〕! 我只看到他不断前进,从来没见他停止过。"

9.22 子曰:"苗而不秀者有矣夫! 秀而不实者有矣夫[1]!"

【今译】

孔子说:"〔种庄稼〕只是出苗而不秀穗的是有的吧! 只秀穗却不灌浆不结果实的也是有的吧!"

【注释】

〔1〕据《论语注疏》,此章是孔子惋惜颜渊早逝而作。

9.23 子曰:"后生可畏,焉知来者之不如今也? 四十、五十而无闻焉,斯亦不足畏也已。"

【今译】

孔子说:"年轻人是值得敬服的,怎么知道将来的人们不如现在的人们呢? 但如果到了四十岁、五十岁还默默无闻,那也就不值得敬服了。"

9.24 子曰:"法语之言[1],能无从乎?改之为贵。巽与之言[2],能无说乎[3]?绎之为贵[4]。说而不绎,从而不改,吾末如之何也已矣。"

【今译】

孔子说:"符合礼法的话,能不听从吗?但只有〔按照原则〕改正〔自己的缺点错误〕,才是可贵的。顺耳好听的话,能不让人高兴吗?但只有分析鉴别〔这些话的真伪是非〕,才是可贵的。如果只高兴而不分析鉴别,只听从而不改正自己,〔对于这样的人〕我实在没有什么办法啊。"

【注释】

〔1〕法语之言:指符合礼法规范、符合国家法令的正确的话。"法",法则,规则,原则。

〔2〕巽与之言:"巽(xùn逊)",通"逊",谦逊,恭顺。"与",赞许,称赞。巽与之言,指那种顺耳好听的、恭维称道的言词。

〔3〕说:同"悦"。

〔4〕绎(yì义):本义是抽丝。引申为寻究事理,分析鉴别以便判断真假是非。

9.25 子曰:"主忠信。毋友不如己者。过则勿惮改[1]。"

【今译】

孔子说:"做人,主要讲求忠诚,守信用。不要同不如自己的人交朋友。如果有了过错,就不要怕改正。"

【注释】

〔1〕《学而篇第一》第八章文字与此略同,可参阅。

9.26 子曰:"三军可夺帅也[1],匹夫不可夺志也[2]。"

【今译】

孔子说:"三军可以丧失它的主帅,一个人却不可以丧失他的志向。"

【注释】

〔1〕三军:古制,一万二千五百人为一军。周朝,一个大诸侯国可拥有三军(三万七千五百人)。

〔2〕匹夫:普通的人,男子汉。

9.27 子曰:"衣敝缊袍[1],与衣狐貉者立[2],而不耻者,其由也与?'不忮不求,何用不臧[3]?'"子路终身诵之。子曰:"是道也,何足以臧?"

【今译】

孔子说:"穿着破旧的丝绵袍子,同穿着狐貉皮袍子的人在一起站着,而不觉得自己耻辱的人,大概只有仲由吧?〔《诗经》中说:〕'不嫉妒别人,不贪求财物,什么行为能不好呢?'"子路终身经常背诵这两句诗。孔子说:"做到这样固然是道之所在,〔但〕怎么能算得上十足的好呢?"

【注释】

〔1〕衣敝缊袍:"衣",做动词用,穿。"敝",破、坏。"缊(yùn 运)":乱麻、旧棉絮。全句指穿着破旧的用乱麻掺旧棉絮做的袍子。

〔2〕衣狐貉者：穿着狐狸皮貉皮袍子的人。指富贵者。"貉（hé 盒）"，似狸，毛皮珍贵。

〔3〕"不忮"二句：出自《诗经·邶风·雄雉》篇。"忮（zhì 志）"，嫉妒别人。"求"，贪求财物。"何用"，何行，什么行为。"臧（zāng 脏）"，好，善。

9.28　子曰："岁寒，然后知松柏之后凋也[1]。"

【今译】

孔子说："到了一年最寒冷的时节，才知道松柏树是最后凋谢的。"

【注释】

〔1〕凋（diāo 刁）：凋零，萎谢，草木花叶脱落。松柏树四季常青，经冬不凋。孔子以此为喻，有"烈火见真金"、"路遥知马力"、"国乱识忠臣"、"士穷显节义"的含意。

9.29　子曰："知者不惑[1]，仁者不忧，勇者不惧。"

【今译】

孔子说："聪明智慧的人不会迷惑，实行仁德的人不会忧愁，真正勇敢的人不会畏惧。"

【注释】

〔1〕知：同"智"。智、仁、勇，是孔子所提倡的三种传统美德。

9.30　子曰："可与共学，未可与适道[1]；可与适道，未可与立；可与立，未可与权[2]。'唐棣之华，偏其反而。岂不尔思,室是远而[3]。'"子曰:"未之思也,夫何远之有?"

【今译】

孔子说:"能够一起学习的人,未必能一起学到'道';能够学到'道'的人,未必能坚定不移地守'道';能够坚守'道'的人,未必能灵活运用,随机应变。古诗说:'唐棣树的花,摇摇摆摆,先开后合。难道我不思念你吗?你居住的太遥远了。'"孔子〔又〕说:"这是没有真正思念啊,〔如果真在思念〕那还有什么遥远不遥远呢?"

【注释】

〔1〕适:往。这里含有达到、学到的意思。道:指真理。

〔2〕权:本义是秤锤。引申为权衡,随宜而变。

〔3〕"唐棣"四句:古诗。"唐棣(dì弟)",又作"棠棣","常棣",树木名。生江南山谷中,一名杉,也叫郁李,属蔷薇科,落叶灌木。《诗经·小雅·常棣》有句:"常棣之华,鄂不韡韡。"大意说,常棣树上的花啊,花萼光明,鲜鲜亮亮。其内涵是借棠棣的花与萼相依相托,比喻兄弟的亲密关系与互相友爱。"华",同"花"。"偏其反而",此言唐棣之花在风中翩飞翻舞。"偏",同"翩"。疾飞,随风翻动摇摆。"反",通"翻"。翻动。"而",语助词,没有实际意义。"岂不尔思",即"岂不思尔"。"尔",你。"室",居住之处。此诗出处已不可确考。按诗意推测,作者可能是借唐棣花起兴,表达他希望同情人(或友人)聚合的心情。

孔子以上这段话,阐明了掌握"道"、实行"道"的层次有五:一、能学习"道";二、能把"道"真正学到手;三、能坚守"道";四、能灵活运用"道",以随机应变;五、只要心中常想着"道","道"并不遥远,就在眼前;重要的不在于口头上讲,而在于实际去做。

乡党篇第十
（共二十七章）

主要讲孔子平素的举止言谈，衣食住行，生活习惯。

10.1 孔子于乡党[1]，恂恂如也[2]，似不能言者。其在宗庙朝廷，便便言[3]，唯谨尔。

【今译】
孔子在家乡，表现得信实谦卑、温和恭顺，似乎是不善于讲话的人。〔但是〕在宗庙祭祀、在朝廷会见君臣的场合，他非常善于言谈，辩论详明，只是比较谨慎罢了。

【注释】
〔1〕乡党：指在家乡本地。古代，一万二千五百户为一乡，五百户为一党。
〔2〕恂恂(xún 寻)：信实谦卑，温和恭顺，而又郑重谨慎的样子。
〔3〕便便(pián 骈)：擅长谈论，善辩。

10.2 朝，与下大夫言[1]，侃侃如也[2]；与上大夫言，訚訚如也[3]。君在，踧踖如也[4]，与与如也[5]。

【今译】
〔孔子〕在朝廷上，〔当君王还未临朝时〕与〔同级的〕下大夫说话，刚直和乐，从容不迫；与〔地位尊贵的〕上大夫说话，和颜悦色,中正诚恳。君王临朝到来,〔孔子〕表现出恭敬而又不安,慢步行走而又小心谨慎。

【注释】

〔1〕下大夫:周代,诸侯以下是大夫。大夫的最高一级,称"卿",即"上大夫";地位低于上大夫的,称"下大夫"。孔子当时的地位,属下大夫。

〔2〕侃侃(kǎn砍):说话时刚直和乐,理直气壮,而又从容不迫。

〔3〕訚訚(yín银):和颜悦色,而能中正诚恳,尽言相诤。

〔4〕踧踖(cù jí醋急):恭敬而又不安的样子。

〔5〕与与:慢步行走,非常小心谨慎的样子。

10.3 君召使摈[1],色勃如也[2],足躩如也[3]。揖所与立,左右手,衣前后,襜如也[4]。趋进,翼如也[5]。宾退,必复命曰:"宾不顾矣[6]。"

【今译】

〔鲁国〕国君下令使孔子接待外宾,〔孔子〕脸色立刻庄重起来,脚步加快起来。〔孔子〕向同他站在一起的人作揖时,向左向右拱手,衣服前后摆动,都很整齐。他快步向前时,姿态像鸟儿要展翅飞翔。宾客走了以后,一定向国君回报说:"宾客已经不回头看了。"

【注释】

〔1〕摈(bìn鬓):同"傧"。古代称接引招待宾客的负责官员。这里用作动词,指国君下令,使孔子去接待外宾。

〔2〕勃如:心情兴奋紧张,脸面表现得庄重矜持。

〔3〕躩(jué绝):快步前进,脚旋转而表敬意。

〔4〕襜(chān搀):衣服整齐飘动。

〔5〕翼如:像鸟儿张开翅膀。

129

〔6〕不顾:不回头看。指客人已走远了。

10.4 入公门,鞠躬如也〔1〕,如不容。立不中门,行不履阈〔2〕。过位〔3〕,色勃如也,足躩如也,其言似不足者〔4〕。摄齐升堂〔5〕,鞠躬如也,屏气似不息者〔6〕。出,降一等〔7〕,逞颜色〔8〕,怡怡如也〔9〕。没阶〔10〕,趋进,翼如也。复其位,踧踖如也。

【今译】
〔孔子〕走进诸侯国君的大门,便低头躬身〔非常恭敬〕,好像不容他直着身子进去。站立时不在门的中间,行走时不踩门槛。经过国君的席位时,脸色立刻庄重起来,脚步加快,说话时好像气力不足的样子。提起衣服的下摆向大堂上走的时候,低头躬身〔恭敬谨慎〕,憋住一口气好像停止呼吸一样。出来时,走下一级台阶,才舒展脸色,显出轻松的样子。走完了台阶,快步向前,姿态像鸟儿展翅。回到自己的位置上,还要表现出恭敬而又不安的样子。

【注释】
〔1〕鞠躬:这里指低头躬身恭敬而谨慎的样子。
〔2〕履:走,踩。阈(yù玉):门限,门槛。
〔3〕过位:按照古代礼节,君王上朝与群臣相见时,前殿正中门屏之间的位置是君王所立之位。到议论政事进入内殿时,群臣都要经过前殿君王所立的位子,这时君王并不在,只是一个虚位,但大夫们"过位"时,为了尊重君位,态度仍必须恭敬严肃。
〔4〕言似不足:说话时声音低微,好像气力不足的样子。一说,同朝者要尽量少说话,不得不应对时,也要答而不详,言似不足。这都是为了表示恭敬。

〔5〕摄齐:"摄",提起,抠起。"齐(zī资)",衣服的下襟,下摆,下缝。朝臣升堂时,一般要双手提起官服的下襟,离地一尺左右,以恐前后踩着衣襟或倾跌失礼。

〔6〕屏气:"屏(bǐng丙)",抑制,强忍住。屏气,就是憋住一口气。息:呼吸。

〔7〕降一等:从台阶走下一级。

〔8〕逞颜色:这里指舒展开脸色,放松一口气。"逞",快意,称心,放纵。

〔9〕怡怡如:轻松愉快的样子。

〔10〕没阶:指走完了台阶。"没(mò墨)",尽,终。

10.5 执圭〔1〕,鞠躬如也,如不胜〔2〕。上如揖,下如授。勃如战色,足蹜蹜〔3〕,如有循〔4〕。享礼〔5〕,有容色。私觌〔6〕,愉愉如也〔7〕。

【今译】

〔孔子出使到别的诸侯国去〕举着圭,低头躬身〔非常恭敬〕,好像举不动的样子。向上举好像作揖,放下来好像递东西给别人。脸色庄重而昂奋,好像战战兢兢;步子迈得又小又快,好像沿着一条直线往前走。在赠送礼品的仪式上,显出和颜悦色。〔以个人身份〕私下会见时,满脸笑容。

【注释】

〔1〕圭(guī归):一种上圆下方的长条形玉器。举行朝聘、祭祀、丧葬等礼仪大典时,帝王、诸侯、大夫手里都要拿着这种玉器。依不同的地位身份,所拿的圭也各有不同。这里指大夫出使到别的诸侯国去,手里拿着代表本国君主的圭,作为信物。

〔2〕不胜:担当不起,承受不住,几乎不能做到。

〔3〕蹜蹜(sù素):形容脚步细碎紧密,一种小步快走的样子。

〔4〕循:顺着,沿着。

〔5〕享礼:向对方贡献礼品的仪式。"享",献。

〔6〕觌(dí笛):见面,会见,以礼相见。

〔7〕愉愉:快乐,心情舒畅,露出笑容。

10.6 君子不以绀緅饰[1],红紫不以为亵服[2]。当暑,袗絺绤[3],必表而出之[4]。缁衣[5],羔裘[6];素衣[7],麑裘[8];黄衣,狐裘。亵裘长,短右袂[9]。必有寝衣,长一身有半。狐貉之厚以居[10]。去丧,无所不佩。非帷裳[11],必杀之[12]。羔裘玄冠不以吊[13]。吉月[14],必朝服而朝。

【今译】

君子不用深青透红或黑中透红的布做镶边,不用红色或紫色的布做平日在家穿的便服。在夏天,穿粗麻或细麻布做的单衣,但一定要套在外面。〔冬天〕黑色罩衣,配黑羊羔皮袍;白色罩衣,配白鹿皮袍;黄色罩衣,配狐狸皮袍。平常在家穿的皮袍,要做得长一些,右边的袖子短一些。必须有睡衣,要一身半长。要用毛长的狐貉皮制作坐垫。〔服丧期满〕脱去丧服,可以佩戴各种装饰品。如果不是礼服,必须加以剪裁,去掉多余的布。不要穿黑羊羔皮袍戴黑色礼帽去吊丧。每月的初一,一定要穿朝服去上朝。

【注释】

〔1〕绀(gàn赣):深青透红(带红)的颜色(一说,天青色)。是古时斋戒服装所用的颜色。緅(zōu邹):黑中透红的颜色(一说,铁灰色)。是古时丧服所用的颜色。饰:服装上的装饰。这里指衣服领子、袖子上的镶边等。

〔2〕亵(xiè谢)服:平常在家穿的私服、便服。贴身穿的内衣也称亵服。因为红紫色是制做礼服的庄重的颜色,所以,亵服不能用红紫色。

〔3〕袗绪绤:"袗(zhěn诊)",单衣。"绪(chī吃)",细麻布,葛布。"绤(xì细)",粗麻布。袗绪绤,指穿细麻布或粗麻布做的单衣。

〔4〕"必表"句:一定把麻布单衣穿在外表,而里面还要衬上内衣。一说,"表",是上衣,是套在外表的衣服。古人不论冬夏,出门时都要外加上衣。

〔5〕缁(zī兹):黑色。

〔6〕羔裘:黑色羊羔皮做的皮袍。

〔7〕素:白色。

〔8〕麑裘:指用小鹿皮做的皮袍。"麑(ní尼)",白色幼鹿。

〔9〕短右袂:指右手的袖子做得短一些,便于做事。"袂(mèi妹)",袖子。

〔10〕"狐貉"句:用厚毛的狐貉皮制做成坐垫。"以",用。"居",坐。

〔11〕帷裳:朝拜和祭祀时穿的礼服。古时规定,要用整幅的布来做礼服,多馀的布不裁掉,而要折叠起来缝上。

〔12〕杀:消除。这里指剪裁掉。如果不是制做礼服,必须加以剪裁,去掉多馀的布。

〔13〕玄冠:黑色的礼帽。

〔14〕吉月:阴历每月的初一。也称作朔月。一说,只指每年正月岁首。

10.7 齐[1],必有明衣[2],布。齐必变食[3],居必迁坐[4]。

【今译】

斋戒时,一定要有洗澡后换穿的干净内衣,要用布做的。斋戒时,一定要改变饮食,住处一定要从卧室迁出。

【注释】

〔1〕齐:同"斋"。斋戒。

133

〔2〕明衣:指斋戒期间沐浴后所换穿的贴身衣服。

〔3〕变食:改变平常的饮食。特指不饮酒,不吃荤,不吃葱蒜韭等有异味的东西。

〔4〕居必迁坐:指斋戒时的住处,要从内室(平时的卧室)迁到外室,不与妻妾同房。

10.8 食不厌精[1],脍不厌细[2]。食饐而餲[3],鱼馁而肉败[4],不食。色恶,不食。臭恶,不食。失饪[5],不食。不时[6],不食。割不正,不食。不得其酱,不食。肉虽多,不使胜食气[7]。唯酒无量,不及乱[8]。沽酒市脯[9],不食。不撤姜食。不多食[10]。

【今译】

饭食不嫌做得精,鱼肉不嫌切得细。粮食陈旧变味了,鱼不新鲜了,肉腐烂了,不吃。食物的颜色变坏了,不吃。气味不好闻了,不吃。烹煮的不得当,不吃。不到该吃的时候,不吃。不按一定方法宰割的肉,不吃。酱、醋作料放得不适当,不吃。肉虽然多,〔吃时〕不要超过主食的数量。唯独酒无限量,但不能喝到昏醉的程度。买来的酒和市上的熟肉干,不吃。不去掉姜。不要多吃。

【注释】

〔1〕不厌:不厌烦,不排斥,不以为不对。

〔2〕脍(kuài 快):细切的鱼肉。

〔3〕饐(yì 义):食物长久存放,陈旧了,霉烂变质了。餲(ài 艾):食物放久变了味,馊了。

〔4〕馁(něi 内上声):鱼类不新鲜了,腐烂了。败:肉类不新鲜了,腐烂了。

〔5〕饪(rèn 任):烹调,煮熟。

〔6〕不时:不到该吃的时候。指吃饭要定时。一说,不吃过了时的、不新鲜的蔬菜。另说,不到成熟期的粮食、果、菜,不能吃,吃了会伤人。

〔7〕气:同"饩(xì戏)"。粮食。

〔8〕不及乱:不到喝醉而神智昏乱的地步。

〔9〕脯(fǔ府):熟肉干,干肉。

〔10〕不多食:不多吃,不要吃得过饱而伤肠胃。另说,与"不撤姜食"相连,指每餐都要吃点姜,但也不要多吃姜。

10.9 祭于公〔1〕,不宿肉〔2〕。祭肉不出三日〔3〕。出三日不食之矣。

【今译】

参加国君祭祀典礼分到的肉,不能过夜。〔平常〕祭祀用过的肉不能超过三天。超过了三天就不吃它了。

【注释】

〔1〕祭于公:指士大夫等参加国君举行的祭祀典礼。

〔2〕不宿肉:"肉",指"胙肉",祭祀所用的肉。胙肉一般由祭祀当天清晨特意宰杀的牲畜肉充任,到第二天祭礼完全结束后再分赐给助祭者。故这种胙肉拿回家已是宰杀后的两三天了,不宜再放过夜。

〔3〕祭肉:指自家祭祀所用的肉。

10.10 食不语,寝不言。

【今译】

吃饭时不交谈,睡觉时不说话。

10.11 虽疏食菜羹〔1〕,必祭〔2〕,必齐如也。

【今译】

　　虽然是吃粗米饭蔬菜汤,也一定先要祭一祭,一定要像斋戒时那样恭敬严肃。

【注释】

　　〔1〕疏食:粗食,吃蔬菜和谷米类。羹(gēng庚):浓汤。

　　〔2〕必:底本作"瓜",据《鲁论语》改。祭:指吃饭前把席上的各种饭菜分别拿出一点,另摆在食器之间,以祭祀远古发明饮食的祖先,表示不忘本。一说,即指一般的祭祖先或祭鬼神。

10.12　席不正[1],不坐。

【今译】

　　席子摆放不端正,不要坐。

【注释】

　　〔1〕席:坐席。古代没有椅子凳子,在地上铺上席子以为坐具。

10.13　乡人饮酒[1],杖者出[2],斯出矣。

【今译】

　　在举行乡饮酒礼后,要等老年人先走出去,自己才出去。

【注释】

　　〔1〕乡人饮酒:指举行乡饮酒礼。乡饮酒礼是周代仪礼的一种,可参看《仪礼·乡饮酒礼》及《礼记·乡饮酒义》。

　　〔2〕杖者:拄拐杖的人,即老年人。我国古代素有尊老敬老的传统美德。周礼讲:"五十杖于家,六十杖于乡,七十杖于国,八十杖于朝。九十者,天子欲有问焉,则就于其家。"对九十岁的老人,连天子有事要问,也要到老人的家里去。

10.14 乡人傩[1],朝服而立于阼阶[2]。

【今译】

本乡的人们举行迎神赛会驱疫逐鬼仪式时,〔孔子〕总是穿着朝服站立在东面的台阶上。

【注释】

〔1〕傩(nuó挪):古代在腊月里举行的迎神赛会、驱疫逐鬼的一种仪式。主持者头戴面具,蒙熊皮,穿黑衣,执戈,扬盾,率百隶及童子,敲着鼓,跳着舞,表演驱疫捉鬼的内容。

〔2〕阼(zuò作):大堂前面靠东面的台阶。这里是主人站立以欢迎客人的地方。

10.15 问人于他邦[1],再拜而送之。

【今译】

〔孔子〕托别人代为问候在其他诸侯国的朋友时,要躬身下拜,拜两次,送走所托的人。

【注释】

〔1〕问:问候,问好。这里指托别人代为致意。

10.16 康子馈药[1],拜而受之。曰:"丘未达[2],不敢尝。"

【今译】

季康子赠药,〔孔子〕拜谢而接受了。并说:"我对药性不了解,不敢尝。"

【注释】

〔1〕康子:即季康子。参阅《为政篇第二》第二十章。馈(kuì愧):赠送。按当时的礼节,接受别人送的药,要当面尝一尝。

〔2〕达:了解,通达事理。

10.17 厩焚[1]。子退朝,曰:"伤人乎?"不问马。

【今译】

马棚失火焚毁了。孔子从朝廷回来,问:"伤人了吗?"却不问马。

【注释】

〔1〕厩(jiù旧):马棚,马房。后也泛指牲口房。

10.18 君赐食,必正席先尝之。君赐腥[1],必熟而荐之[2]。君赐生,必畜之。侍食于君,君祭,先饭。

【今译】

国君赐给食物,〔孔子〕一定摆正坐席,先尝一尝。国君赐给生肉,一定煮熟了先供奉祖先。国君赐给活的牲畜,一定把它饲养起来。陪同国君一起吃饭,当国君饭前行祭礼时,自己先吃饭〔不吃菜〕。

【注释】

〔1〕腥:生肉。

〔2〕荐:供奉,进献。这里指煮熟了肉先放在祖先灵位前上供,表示进奉。本章所述各种作法,都是表示敬意。

10.19 疾,君视之[1],东首[2],加朝服,拖绅[3]。

【今译】

〔孔子〕患病,国君来看望,他〔躺在床上〕头朝东,把朝服加盖在身上,拖着大束带。

【注释】

〔1〕视:探视,看望。

〔2〕东首:指头朝东。

〔3〕绅(shēn身):朝服的束在腰间的大宽带子。孔子因病卧床,不能穿朝服束腰,故把朝服加盖在身上,把"绅"放在朝服上,拖下带子去,表示对国君的尊敬与迎接。

10.20　君命召,不俟驾行矣[1]。

【今译】

国君命令召见,〔孔子〕不等马车驾好,就先步行走了。

【注释】

〔1〕俟(sì四):等待。驾:套上马拉车。

10.21　入太庙,每事问[1]。

【今译】

〔孔子〕进入太庙〔助祭〕,对每件事都〔向主事人仔细〕询问。

【注释】

〔1〕此章与《八佾篇第三》第十五章文字相似,可参阅。

10.22　朋友死,无所归[1],曰:"于我殡。"

【今译】

朋友死了,没有人来料理后事。〔孔子〕说:"由我来负责

139

安葬。"

【注释】

〔1〕归:归宿。这里指后事的安排,如装殓、发丧、埋葬等。

10.23 朋友之馈,虽车马,非祭肉[1],不拜。

【今译】

接受朋友赠送的礼物,即使是车马〔那样贵重的东西〕,如果不是祭肉,〔孔子〕也不躬身下拜。

【注释】

〔1〕祭肉:指祭祀祖先用的胙肉。为了表示对朋友的祖先像对自己的祖先那样尊敬,在接受祭肉时要拜。

10.24 寝不尸[1],居不客[2]。

【今译】

〔孔子〕睡觉时不是像死尸那样直挺挺地躺着,平日在家坐着,也不像做客或接待客人那样。

【注释】

〔1〕尸:死尸。这里指像死尸一样展开手足仰卧。

〔2〕居:坐。客:宾客。这里用作动词,指像做客或接待客人那样郑重地坐着——两膝平跪,挺直腰板。这是一种比较费力的姿势。这一句,有的版本是"居不容"。意思则成为:平日居家可以随便一点,不必像祭祀或接待宾客时那样拘谨,使自己的容貌仪态十分郑重严肃。

10.25 见齐衰者[1],虽狎[2],必变。见冕者与瞽者[3],虽亵[4],必以貌。凶服者[5],式之[6]。式负版

者[7]。有盛馔[8],必变色而作[9]。迅雷风烈必变。

【今译】

〔孔子〕见到穿孝服的人,即使是关系亲密,也一定要把态度变得严肃起来。见到穿官服的和盲人,即使是平日常在一起的熟人或卑贱的人,也一定要对他很有礼貌。〔乘车时途中〕遇上穿丧服或送死人衣物的人,便俯下身去伏在车前的横木上。遇上背着国家的户籍册疆域图的人,也要伏在车前的横木上。〔做客时〕遇有丰盛的筵席,一定把态度变得庄重,并且站起身来。遇上迅急的雷电和猛烈的大风,一定要把神态变得庄严。

【注释】

〔1〕齐衰(zī cuī 兹崔):孝服。参见《子罕篇第九》第十章。

〔2〕狎(xiá 侠):亲近,亲密。

〔3〕冕者:穿礼服、官服的人。瞽者:盲人。

〔4〕亵(xiè 谢):亲近。这里指平日里常见面的、熟悉的人,或卑贱的人。

〔5〕凶服:丧服,也指死人的衣物。

〔6〕式:同"轼",车前做扶手用的横木。这里指身子向前微俯,伏在横木上,表示同情或尊敬。这是当时社会上的一种礼节。

〔7〕负:背负。版:指国家的图籍(疆域地图,田亩、户口名册等)。

〔8〕盛馔:指盛大丰足的筵席。"馔(zhuàn 赚)",饮食。

〔9〕作:起立,站起身来。

10.26 升车,必正立,执绥[1]。车中,不内顾,不疾言,不亲指[2]。

【今译】

〔孔子〕上车时,一定先站正了身子,拉住扶手上的索带〔然

141

后登车〕。在车上,不向车内回头看,不急促地高声说话,不举起自己的手指指划划。

【注释】

〔1〕绥(suí 随):古代车上设置的拉着上车的绳索。

〔2〕不亲指:不举起自己的手指指划划。这里说的"不内顾,不疾言,不亲指",都是为了集中精力驾好车,防止自己的容态失礼或使别人产生疑惑。

10.27 色斯举矣[1]。翔而后集。曰:"山梁雌雉[2],时哉时哉[3]!"子路共之[4],三嗅而作[5]。

【今译】

〔孔子看到〕一群野鸡飞起来而神色动了一下。〔这群野鸡〕飞翔了一阵之后,停落在树上。〔孔子〕说:"山梁上的雌野鸡,时运真好呀,时运真好呀!"子路〔听了这话〕向野鸡拱了拱手,野鸡长叫了几声,飞走了。

【注释】

〔1〕色斯举矣:"色",脸色。"举",鸟飞起来。这句话的文字可能有错漏之处。按后面的文字来推测,可能是说:孔子在山谷中行走,看见一群山鸡在自由飞翔,心有感触,神色动了一下。

〔2〕雉(zhì 至):野鸡。

〔3〕时哉:犹言得其时,时运好。孔子见野鸡能自由飞翔下落,自己反没有实现政治抱负的自由,故有此叹。

〔4〕共:同"拱"。拱手,抱拳致敬、致意。

〔5〕三嗅:"嗅",唐代石经《论语》作"狊(jiá 颊)"。"狊",是鸟的长叫声。三嗅,指野鸡长叫了几声。一说,"嗅",当作"狊(jù 巨)",鸟类张开两翅的样子。作:飞起来。对这一章文字的理解诠释,历来众说纷纭。有的理解为:几只野鸡看到走过来的人脸色不善(以为要射猎它),而飞起

来了;飞翔了一阵,而后集中落在树上。孔子感慨地说:"山中的雌野鸡能遇险而飞,识时务呀,识时务呀!"子路听了这话,向野鸡拱了拱手表示敬意,野鸡又受了惊,拍打了几下翅膀而飞走了。可参。

先进篇第十一
（共二十六章）

主要讲孔子对弟子贤否的评论。

11.1 子曰："先进于礼乐[1]，野人也[2]；后进于礼乐，君子也[3]。如用之，则吾从先进。"

【今译】

孔子说："先学习礼乐〔而后做官〕的人，是在野的人；〔先做官〕而后学习礼乐的人，是卿大夫的子弟。如果要选用人才，我将选用先学习礼乐的人。"

【注释】

〔1〕"先进"句：指先在学习礼乐方面有所进益，先掌握了礼乐方面的知识。"后进"反之。

〔2〕野人：这里指庶民，没有爵禄的平民。与世袭贵族相对。

〔3〕君子：这里指有爵禄的贵族，世卿子弟。

11.2 子曰："从我于陈、蔡者[1]，皆不及门也[2]。"

【今译】

孔子说："曾经随从我在陈国、蔡国的弟子们，现在都不在我的门下了。"

【注释】

〔1〕"从我"句：公元前489年（鲁哀公四年，当时孔子六十一岁），孔子周游列国，率领弟子们从陈国去蔡国。途中，楚国派人来聘请孔子，孔子将往楚国拜礼。陈、蔡大夫怕与己不利，便派徒役在郊野围困孔子。孔子和弟子们断粮七天，许多人饿得不能行走。后由子贡去楚国告急，楚昭王派兵前来迎孔子，才获解救。当时随从孔子的弟子有子路、子贡、颜回等。公元前484年，孔子返回鲁国后，子路、子贡等先后离开，有的做了官，有的回老家，颜回也病死了。孔子时常思念那些在艰危中跟随他的弟子们。

〔2〕不及门："门"，指学习、受教育的场所。"及"，在，到。不及门，指到不了、不在他的门下受教育。一说，是"不及仕进（卿大夫）之门"，"孔子弟子无仕陈蔡者"。

11.3 德行[1]：颜渊，闵子骞，冉伯牛，仲弓。言语[2]：宰我，子贡。政事[3]：冉有，季路。文学[4]：子游，子夏。

【今译】

论德行，〔弟子中优秀的有：〕颜渊，闵子骞，冉伯牛，仲弓。论言语，〔弟子中擅长的有：〕宰我，子贡。论政事，〔弟子中能干的有：〕冉有，季路。论文学，〔弟子中出色的有：〕子游，子夏。

【注释】

〔1〕德行：指能实行忠恕仁爱孝悌的道德。
〔2〕言语：指长于应对辞令、办理外交。
〔3〕政事：指管理国家，从事政务。
〔4〕文学：指通晓西周文献典籍。

145

11.4 子曰:"回也非助我者也,于吾言无所不说[1]。"

【今译】

孔子说:"颜回啊,不是能帮助我的人,〔他〕对我所说的话,没有不心悦诚服的。"

【注释】

〔1〕说:同"悦"。这里是说颜渊对孔子的话从来不提出疑问或反驳。

11.5 子曰:"孝哉闵子骞[1]!人不间于其父母昆弟之言[2]。"

【今译】

孔子说:"真孝顺啊,闵子骞!人们听了他的父母兄弟〔称赞他孝〕的话,也找不出什么可挑剔的地方。"

【注释】

〔1〕闵子骞:当时有名的孝子,被奉为尽孝的典范。他的孝行事迹被后人编入《二十四孝》。参阅《雍也篇第六》第九章。

〔2〕间:挑剔,找毛病。昆:兄。

11.6 南容三复"白圭"[1],孔子以其兄之子妻之[2]。

【今译】

南容反复诵读关于"白圭"的诗句,孔子便把哥哥的孩子嫁给了他。

【注释】

〔1〕南容:即南宫适。参阅《公冶长篇第五》第二章注。三复:多次

重复。"三"是虚数,指在一日之内多次诵读。白圭:指《诗经·大雅·抑》篇。其中有云:"白圭之玷,尚可磨也(白圭上的斑点污点,还可以磨掉);斯言之玷,不可为也(言语中的错误,不能收回不能挽救了)。"意思指:说话一定要小心谨慎。

〔2〕妻:作动词用。以女嫁人。

11.7 季康子问:"弟子孰为好学?"孔子对曰:"有颜回者好学,不幸短命死矣,今也则亡[1]。"

【今译】

季康子问:"〔你的〕弟子中谁是爱好学习的呢?"孔子回答:"有一个叫颜回的,很好学,但不幸短命死了,如今便没有好学的了。"

【注释】

〔1〕亡:同"无"。本章文字与《雍也篇第六》第三章略同,可参阅。

11.8 颜渊死,颜路请子之车以为之椁[1]。子曰:"才、不才,亦各言其子也。鲤也死[2],有棺而无椁。吾不徒行以为之椁。以吾从大夫之后[3],不可徒行也。"

【今译】

颜渊死了,颜路请求孔子卖了车给颜渊买个椁。孔子说:"〔虽然你的儿子颜渊和我的儿子孔鲤〕一个有才、一个无才,但对各人说来都是自己的儿子啊。孔鲤死了,只有棺而没有椁。我不能〔卖掉车〕步行,来给他买椁。因为我过去当过大夫,是不可以步行的。"

【注释】

〔1〕颜路:姓颜,名无繇(yóu由),字路。娶齐姜氏,生子颜回(颜

147

渊)。颜路是孔子早年在故乡阙里教学时所收的第一批弟子,比孔子小六岁。生于公元前545年,卒年不详。椁(guǒ 果):古代有地位的人,棺材有两层:内层直接装殓尸体,叫"棺",有底;外面还套着一层套棺,叫"椁",无底。合称"棺椁"。

〔2〕鲤:孔鲤,孔子的儿子。孔子十九岁,娶宋国人亓官氏,生子伯鱼。生伯鱼时,鲁昭公以鲤鱼赐孔子,因此给儿子起名叫孔鲤。孔鲤五十岁死,时孔子七十岁。

〔3〕从大夫之后:跟从在大夫们的后面。是自己曾是大夫(孔子任鲁国司寇,是主管治安与司法的行政长官)的谦虚的表达方法。按礼大夫出门要坐车,否则为失礼。

11.9 颜渊死。子曰:"噫!天丧予[1]!天丧予!"

【今译】

颜渊死了。孔子说:"咳呀!天要丧我的命呀!天要丧我的命呀!"

【注释】

〔1〕天丧予:"丧",亡,使……灭亡。孔子这句话的意思是,颜渊一死,他宣扬的儒道就无人继承,无人可传了。

11.10 颜渊死,子哭之恸[1]。从者曰:"子恸矣!"曰:"有恸乎?非夫人之为恸而谁为[2]?"

【今译】

颜渊死了,孔子哭得很哀痛。随从的人说:"夫子您太哀痛了!"孔子说:"是太哀痛了吗?不为这样的人哀痛还为谁呢?"

【注释】

〔1〕恸(tòng 痛):极度哀痛,悲伤。

148

〔2〕"非夫人"句：即"非为夫人恸而为谁"的倒装。"夫"，指示代词，代指死者颜渊。"之"是虚词，在语法上只起到帮助倒装的作用。

11.11 颜渊死，门人欲厚葬之，子曰："不可。"门人厚葬之。子曰："回也视予犹父也，予不得视犹子也〔1〕。非我也，夫二三子也。"

【今译】
　　颜渊死了，弟子们想隆重丰厚地安葬他。孔子说："不可以。"弟子们仍是隆重丰厚地安葬了颜渊。孔子说："颜回啊，看待我如同父亲，我却不能看待他如同儿子。不是我〔主张厚葬〕啊，是那些弟子们呀。"

【注释】
　　〔1〕"予不得"句：意谓我不能像对待亲生儿子那样按礼来安葬颜渊。孔子认为办理丧葬应"称家之有亡（无）"，当时颜渊家贫，办丧事铺张奢侈，与礼不合；同时，按颜渊的身份与地位，也是不应该厚葬的。

11.12 季路问事鬼神〔1〕。子曰："未能事人，焉能事鬼？"曰："敢问死。"曰："未知生，焉知死？"

【今译】
　　子路问怎样事奉鬼神。孔子说："没能把人事奉好，哪能谈事奉鬼呢？"〔子路又〕说："我大胆地请问，死是怎么回事？"〔孔子〕说："还不知道人生的道理，怎能知道死呢？"

【注释】
　　〔1〕季路：即子路。因仕于季氏，又称季路。参阅《为政篇第二》第

十七章注。

11.13 闵子侍侧[1],訚訚如也[2];子路,行行如也[3];冉有、子贡,侃侃如也。子乐。"若由也[4],不得其死然[5]。"

【今译】
　　闵子侍立在孔子身边,表现出正直而恭顺的样子;子路,很刚强的样子;冉有、子贡,和乐而理直气壮的样子。孔子很高兴。〔但又担心说:〕"像仲由这样〔过于勇猛刚强〕,恐怕得不到善终哩。"

【注释】
　　〔1〕闵子:即闵子骞。后人敬称"子"。
　　〔2〕訚訚(yín 银):和悦而能中正直言。
　　〔3〕行行(hàng 沆):形容性格刚强勇猛。
　　〔4〕由:仲由,字子路。
　　〔5〕"不得"句:指得不到善终,不能正常地因衰老而死。孔子虑子路过于刚勇,好斗取祸而危及生命。后来,子路果猝死于卫国的孔悝(kuī 亏)之乱。"然",语气词。

11.14 鲁人为长府[1]。闵子骞曰:"仍旧贯,如之何?何必改作?"子曰:"夫人不言[2],言必有中[3]。"

【今译】
　　鲁国的执政者要改建国库长府。闵子骞说:"仍旧沿袭老样子,如何?何必改建呢?"孔子说:"这个人不说则已,一说就说得正确。"

【注释】
　　〔1〕鲁人:指鲁国的当权者季氏。为:制造。在这里是改建、翻修的意思。长府:鲁国国库名。一说宫室名。

〔2〕夫人:这个人。指闵子骞。

〔3〕中(zhòng 众):这里指说的话能正中要害,说到点子上。

11.15 子曰:"由之瑟奚为于丘之门〔1〕!"门人不敬子路。子曰:"由也升堂矣,未入于室也〔2〕。"

【今译】

孔子说:"仲由弹瑟为什么在我这里弹呢?"弟子们〔因此〕不尊敬子路。孔子说:"仲由啊,在学习上已经达到'升堂'的程度了,但是还没做到'入室'。"

【注释】

〔1〕"由之瑟"句:"瑟",古代一种拨弦乐,二十五弦(一说五十弦)。"为",做,弹瑟。"丘之门",我(丘)这里。据《说苑·修文篇》,孔子对子路弹瑟表示不满,是因为子路性情刚猛,中和不足,故弹出的音调过于激越,"有杀伐之声"。

〔2〕升堂、入室:"堂",正厅。"室",内室。从入门,到升堂,再到入室。孔子用此来比喻在学习上由浅入深的三个阶段:从入门初步掌握;到高明一些,达到一定水平;再到精微深奥的高妙境地。

11.16 子贡问:"师与商也孰贤〔1〕?"子曰:"师也过,商也不及。"曰:"然则师愈与〔2〕?"子曰:"过犹不及〔3〕。"

【今译】

子贡问:"颛孙师和卜商谁好一些?"孔子说:"师过分,商不够。"〔子贡〕说:"那么是师〔比较〕好一些吗?"孔子说:"做过分了和做得不够,是同样的。"

【注释】

〔1〕师:即子张。才高意旷,做事常有过分之处。参阅《为政篇第

151

二》第十八章注。商:即子夏。拘谨保守,做事常有不及之处。参阅《学而篇第一》第七章注。孰:谁。

〔2〕愈:胜过,更好些,强一些。与:同"欤"。语气助词,表疑问。

〔3〕犹:似,如,如同。

11.17 季氏富于周公[1],而求也为之聚敛而附益之[2]。子曰:"非吾徒也,小子鸣鼓而攻之可也。"

【今译】
　　季氏比周朝的公卿还富,而冉求还要为季氏聚敛更增加他的财富。孔子说:"〔冉求〕不算是我的门徒了,你们敲着鼓去攻击他好了。"

【注释】
　　〔1〕周公:周天子左右的公卿。如当时有周公黑肩、周公阅等人。鲁国之君,本是周公旦的后代,故用此比喻。

　　〔2〕"而求也"句:"求",冉求。"也",助词,用于句中,表示停顿,以引起下文。"之",代指季氏。"聚敛(liǎn 脸)",聚积,收集,搜刮钱财。"而附益之",而使季氏更增加了财富。鲁国本按"丘"(古代田地、区域的划分单位,四"邑"为一"丘")征收军赋。公元前483年(鲁哀公十二年),季康子改为按每一户的田亩数来征收,这就大大增加了赋税收入。冉求为季氏家臣,曾参与其事。孔子主张"敛从其薄",是反对季氏、冉求这种过分剥削人民的做法的。

11.18 柴也愚[1],参也鲁[2],师也辟[3],由也喭[4]。

【今译】
　　高柴愚笨,曾参迟钝,颛孙师偏激,仲由莽撞。

【注释】
　　〔1〕柴:姓高,名柴,字子羔。齐国人,身材很矮,为人笃孝。孔子的

弟子。比孔子小三十岁,生于公元前521年,卒年不详。高柴老实,忠厚,正直,但明智变通不足,故孔子说他"愚"。

〔2〕参也鲁:"参",曾参。曾参诚恳,信实,学习扎实深入,但反应有些迟钝,不够聪敏,故孔子说他"鲁"。

〔3〕师也辟:"师",颛孙师。"辟",通"僻",邪僻,偏激。颛孙师志向高,好夸张,习于容仪,但诚实不足,故孔子说他"辟"。

〔4〕由也喭:"由",仲由。"喭(yàn燕)",粗鲁,莽撞。仲由勇猛刚烈,但失于粗俗而文雅不足,故孔子说他"喭"。

11.19　子曰:"回也其庶乎[1],屡空[2]。赐不受命,而货殖焉[3],亿则屡中[4]。"

【今译】

孔子说:"颜回嘛,差不多了吧,可是常常穷困。端木赐不接受命运安排,去做买卖,猜测〔市场行情〕却常常能猜中。"

【注释】

〔1〕庶:庶几,差不多。含有称赞之意。这里指颜回学问、道德都好。

〔2〕空:指贫乏,困穷,穷得没办法。孔子曾说颜回:"一箪食,一瓢饮,在陋巷,人不堪其忧,回也不改其乐。"(见《雍也篇第六》第十一章)

〔3〕货殖:做买卖,经商。

〔4〕亿:同"臆"。估计,猜测。

11.20　子张问善人之道[1]。子曰:"不践迹,亦不入于室[2]。"

【今译】

子张请问做善人的道理。孔子说:"如果不踩着前人的脚迹走,〔学问、修养〕也就不能'入室'。"

【注释】

〔1〕善人:孔子认为,"善人"只是"质美(本质好)""欲仁",所谓凭良心为善。然而,这是不够的。如果"善人"不循着前人(足可效法的先王圣贤)的脚步走,不通过学习去锻炼修养自己,也就达不到"入室"的高标准。

〔2〕入于室:参见本篇第十五章注。

11.21 子曰:"论笃是与[1],君子者乎?色庄者乎[2]?"

【今译】

孔子说:"〔人们〕赞许言论诚恳笃实的人,〔但要注意区分〕是君子呢?还是神色伪装庄重的人呢?"

【注释】

〔1〕论笃是与:等于"与论笃"。"论笃",言论诚恳笃实的人。"与",赞许。"是"无实义,起帮助"论笃"这一宾语提前的语法作用。

〔2〕色庄:神色庄重。这里指做出一副庄重的样子。

11.22 子路问:"闻斯行诸[1]?"子曰:"有父兄在,如之何其闻斯行之?"冉有问:"闻斯行诸?"子曰:"闻斯行之。"公西华曰:"由也问'闻斯行诸',子曰'有父兄在';求也问'闻斯行诸'[2],子曰'闻斯行之'。赤也惑[3],敢问。"子曰:"求也退,故进之;由也兼人[4],故退之。"

【今译】

子路问:"听到了道理就马上行动吗?"孔子说:"有父兄在,

如何能〔不请示父兄〕马上行动呢？"冉有问："听到了道理就马上行动吗？"孔子说："听到了就马上行动。"公西华〔问孔子〕说："仲由问'听到了就马上行动吗'，您说'有父兄在'；冉求问'听到了就马上行动吗'，您却说'听到了就马上行动'。这使我迷惑，所以大胆地问〔为何回答不同〕。"孔子说："冉求做事畏缩不前，所以要鼓励他大胆前进一步；仲由一个人能顶两个人，所以要抑制约束他慎重地退后一步。"

【注释】

〔1〕斯：代词。这里代指道理，义理，应该做的事。诸："之乎"二字合音。

〔2〕求：即冉有。名求，字子有，也称冉有。

〔3〕赤：即公西华。名赤，字子华，也称公西华。

〔4〕兼人：指刚勇，敢作敢为，一个人能顶两个人。

11.23 子畏于匡[1]，颜渊后。子曰："吾以女为死矣。"曰："子在，回何敢死！"

【今译】

孔子在匡地受到围困拘禁，颜渊〔失落，〕最后才逃出来。孔子〔惊喜地〕说："我以为你死了呢。"〔颜渊〕说："夫子您还健在，我怎么敢死呢？"

【注释】

〔1〕畏：畏惧，有戒心。指孔子在匡地被人误以为是阳虎而受到围困。

11.24 季子然问[1]："仲由、冉求可谓大臣与？"子曰："吾以子为异之问[2]，曾由与求之问[3]。所谓大臣者,以道事君,不可则止。今由与求也,可谓具臣矣[4]。"曰:"然则从之者与?"子曰:"弑父与君,亦不从也。"

【今译】

季子然问:"仲由、冉求可以说是大臣吗?"孔子说:"我以为您是问的别人,原来是问仲由和冉求啊。所谓大臣,是能够用正道事奉君主的,如果不能这样,就宁可辞职不干。现在仲由和冉求,只可以说是具备做大臣的才能。"〔季子然〕说:"那么〔他们〕做什么事都跟从〔季氏〕吗?"孔子说:"杀父亲、杀君主〔那种事〕,也是不会跟从的。"

【注释】

〔1〕季子然:姓季孙,名平子,字子然,乃季孙意如之子。鲁国季氏的同族人。因为季氏任用子路、冉有为臣,所以,季子然向孔子提出了这一问题。

〔2〕子:先生。尊称对方。为异之问:问的别人。"异",不同的,其他的。

〔3〕曾:乃,原来是。

〔4〕具臣:有做官的才能。"具",才具,才能。

11.25 子路使子羔为费宰[1]。子曰:"贼夫人之子[2]。"子路曰:"有民人焉,有社稷焉[3],何必读书然后为学?"子曰:"是故恶夫佞者[4]。"

【今译】

子路让子羔去费地任行政长官。孔子说:"这是害了人家的孩子。"子路说:"那地方有人民,有社稷,何必非读书才算是学习呢?"孔子说:"所以我讨厌巧言狡辩的人。"

【注释】

〔1〕子羔:高柴,字子羔。孔子弟子。比孔子小三十岁。

〔2〕贼:害,毁坏,坑害。孔子认为子羔年轻,学业未成,让他从政,无异于害他。

〔3〕社稷:"社",土地神。"稷(jì记)",谷神。古代说"社稷",指祭祀土地神和谷神。后来又把"社稷"作为国家政权的象征。

〔4〕恶(wù务):讨厌。佞(nìng泞):巧言,谄媚。

11.26 子路、曾皙、冉有、公西华侍坐[1]。子曰:"以吾一日长乎尔,毋吾以也[2]。居则曰[3]:'不吾知也!'如或知尔,则何以哉?"子路率尔而对曰[4]:"千乘之国[5],摄乎大国之间[6],加之以师旅[7],因之以饥馑[8],由也为之,比及三年[9],可使有勇,且知方也[10]。"夫子哂之[11]。"求!尔何如?"对曰:"方六七十,如五六十,求也为之,比及三年,可使足民。如其礼乐,以俟君子[12]。""赤[13],尔何如?"对曰:"非曰能之,愿学焉。宗庙之事,如会同[14],端章甫[15],愿为小相焉[16]。""点,尔何如?"鼓瑟希[17],铿尔[18],舍瑟而作[19],对曰:"异乎三子者之撰[20]。"子曰:"何伤乎[21]?亦各言其志也。"曰:"莫春者[22],春服既成[23],冠者五六人[24],童子六七人,浴乎沂[25],风乎舞雩[26],咏而归。"夫子喟然叹曰:"吾与点也!"三子者出,曾皙后。曾皙曰:"夫三子者之言何如?"子曰:"亦各言其志也已矣。"曰:"夫子何哂由也?"曰:"为国以礼，其言不让，是故哂之。""唯求则非邦也与[27]？""安见方六七十如五六十而非邦也者？""唯赤则非邦也与？""宗庙会同，非诸侯而何，赤也为之小，孰能为之大？"

【今译】

　　子路、曾晳、冉有、公西华，陪奉孔子闲坐着。孔子说："因我比你们年长一些，不要因为我而拘束。〔你们〕平时常说：'人家不了解我啊！'假如有人了解你们〔要任用你们〕，那么〔你们〕打算怎样做呢？"子路轻率直爽急忙回答说："一个拥有一千辆兵车的国家，夹在大国之间，受别国军队的侵犯，又遇上凶年饥荒，让我去治理，只要三年，就可以使人民勇敢，而且知道遵守礼义。"孔子微笑了一下。〔孔子又问：〕"冉求，你如何呢？"〔冉求〕回答说："一个纵横六七十里，或者五六十里的小国，让我去治理，只要三年，就可以使人民富足。至于礼乐教化方面，那要等待君子去实行了。"〔孔子又问：〕"公西赤，你如何呢？"〔公西赤〕回答说："不敢说我能够做到些什么，而是很愿意学习啊。在宗庙祭祀的事务上，或者与别的国家的盟会中，我穿上礼服，戴上礼帽，愿意做一个小小的赞礼人。"〔孔子又问：〕"曾点，你如何呢？"〔曾点正在〕弹瑟，声音稀疏，铿的一声停了，放下瑟，站起身来。回答说："〔我的志向〕不同于他们三位的陈述。"孔子说："那又有什么妨碍呢？也就是各人谈谈自己的志向啊！"〔曾点〕说："暮春时节，春天的夹服已经穿定了，和成年人五六人，少年六七人，去沂河洗洗澡，到舞雩台上吹吹风，唱着歌一路走回来。"孔子长叹了一声，说："我是赞成曾点的。"三人出去了，曾晳最后走。曾晳〔问孔子〕说："这三位说的话如何呢？"孔子说："也就是各人谈谈自己的志向罢了。"〔曾晳〕说："夫子为何笑仲由呢?"〔孔子〕说:"治理国家要讲礼让,他说话却不谦让,所以笑他。"〔曾皙又问:〕"难道冉求所讲的不是邦国之事吗?"〔孔子说:〕"哪里见得纵横六七十里或者五六十里的地方就不是国家呢?"〔曾皙又问:〕"难道公西赤所讲的不是邦国之事吗?"〔孔子说:〕"有宗庙、有同别国的盟会,那不是诸侯国又是什么呢?如果公西赤只能做一个小相,谁还能做大相呢?"

【注释】

〔1〕曾皙(xī西):姓曾,名點(diǎn点),字子皙。曾参的父亲。南武城人。也是孔子的弟子。

〔2〕毋吾以:不要因我而受拘束,而停止说话,不肯发言。"毋",不,不要。"以",同"已"。停止。

〔3〕居:平时,平素。

〔4〕率尔:轻率地,急忙地。

〔5〕千乘之国:乘(shèng胜),兵车。古代常以兵车数作为国家大小的标志。古代是按土地多少出兵车的,出一千辆兵车就是拥有纵横一百里面积的诸侯国。

〔6〕摄:夹在其中,受局促,受逼迫,受管束。

〔7〕师旅:古代军队组织,五人为伍,五伍为两,四两为卒(100人),五卒为旅(500人),五旅为师(2500人),五师为军。"加之以师旅",犹言发生战争,受别国军队的侵犯。

〔8〕饥馑(jǐn紧):荒年,灾荒,凶年。《尔雅·释天》:"谷不熟为饥,蔬不熟为馑。"

〔9〕比及:等到,到了。

〔10〕知方:指懂得道义,遵守礼义。

〔11〕哂(shěn审):微笑,讥笑。

〔12〕俟(sì四):等待。

〔13〕赤:即公西华。参阅《公冶长第五》第八章注。

〔14〕会同:诸侯会盟。两诸侯相见,叫"会";许多诸侯一起相见,叫"同"。

〔15〕端章甫:"端",也写作"禘",周代的一种礼服,也叫"玄端"。"章甫",一种礼帽。这里泛指穿着礼服。

〔16〕相:在祭祀、会同时,行赞礼的人员。也叫傧相。有不同的职位等级,故文中有"小相""大相"之说。

〔17〕希:通"稀"。稀疏(节奏速度放慢)。

〔18〕铿(kēng 坑)尔:铿的一声。形容乐声有节奏而响亮。一说,曲终拨动瑟弦的馀音。

〔19〕作:站起身来。

〔20〕三子:三位。"子"是对同学的尊称。撰:同"诨"。陈述的事,说的话。

〔21〕伤:妨害,妨碍。

〔22〕莫:同"暮"。

〔23〕春服:指春天穿的夹衣(里表两层)。既:已经。成:定,穿得住了。

〔24〕冠者:成年人。古代男子二十岁举行冠礼,束发加冠,表示已经成年。

〔25〕沂(yí 移):水名。发源于山东省邹城市东北,经曲阜市南及江苏省北部,流入黄海。传说当时该处有温泉。

〔26〕风:作动词用,吹风,乘凉。舞雩:"雩(yú 鱼)",古代求雨的祭坛。因人们乞雨必舞,故称"舞雩"。这里指鲁国祭天求雨的台子,在今曲阜市南,有坛有树。北魏郦道元《水经注》称:"沂水北对稷门,一名高门,一名雩门。南隔水有雩坛,坛高三丈,即曾点所欲风处也。"

〔27〕唯:语首助词,无实际意义。

颜渊篇第十二
（共二十四章）

主要讲孔子教育弟子如何为仁、为政、处世。

12.1 颜渊问仁[1]。子曰："克己复礼为仁[2]，一日克己复礼，天下归仁焉[3]。为仁由己，而由人乎哉？"颜渊曰："请问其目[4]。"子曰："非礼勿视，非礼勿听，非礼勿言，非礼勿动。"颜渊曰："回虽不敏，请事斯语矣[5]。"

【今译】

颜渊问〔怎样是〕仁。孔子说："克制自己，使言行符合于'礼'，就是仁。有一天做到了克制自己，符合于礼，天下就都赞许你是仁人了。实行仁，在于自己，难道还在于别人吗？"颜渊说："请问实行仁的纲领条目。"孔子说："不符合礼的不看，不符合礼的不听，不符合礼的不说，不符合礼的不做。"颜渊说："我虽然不聪敏，请让我按照您的话去做吧。"

【注释】

〔1〕仁：儒家学说中含义非常广泛的一种道德观念。包括了恭，宽，信，敏，惠，智，勇，忠，恕，孝，悌等内容，而核心是指人与人的相亲相爱。"己所不欲，勿施于人"，"己欲立而立人，己欲达而达人"则是实行"仁"的主要方法。

〔2〕克己复礼:"克",克制,约束,抑制。"己",自己。这里指一己的私欲。"复",周旋往复。"礼",人类社会行为的法则、标准、仪式的总称。包括了社会生活中由于风俗习惯而长期形成、又为大家所共同遵守的一整套的礼节仪式;人们相互之间表示尊敬谦让的言语或动作;也包括社会上通行的法纪、道德和礼貌。复礼,指动作、容貌周旋中乎礼节。据《左传·昭公十二年》记载:"仲尼曰:'古也有志:克己复礼,仁也。'"可见"克己复礼"是孔子以前就有的古语,儒家用之作为一种自我修养的方法。

〔3〕归仁:朱熹说:"归,犹与也。""一日克己复礼,则天下之人皆与其仁,极言其效之甚速而至大也。""与",赞许,称赞。一说,"归",归顺。这两句的意思就是:"有一天做到了克制自己,符合于礼,天下就归顺于仁人了。"

〔4〕目:纲目,条目,具体要点。

〔5〕事:从事,实行,实践。

12.2 仲弓问仁[1]。子曰:"出门如见大宾,使民如承大祭。己所不欲,勿施于人。在邦无怨,在家无怨。"仲弓曰:"雍虽不敏,请事斯语矣。"

【今译】

仲弓问〔怎样是〕仁。孔子说:"出门〔工作、办事〕如同去接待贵宾,使用差遣人民如同去承当重大的祭祀。自己不愿意承受的,不要加给别人。为国家办事没有怨恨,处理家事没有怨恨。"仲弓说:"我虽然不聪敏,请让我按照您的话去做吧。"

【注释】

〔1〕仲弓:冉雍,字仲弓。参阅《公冶长第五》第五章注。

12.3 司马牛问仁[1]。子曰:"仁者,其言也讱[2]。"曰:"其言也讱,斯谓之仁已乎?"子曰:"为之难,言之得无讱乎?"

【今译】

司马牛问〔怎样是〕仁。孔子说:"仁人,说话慎重。"〔司马牛〕说:"说话慎重,就称作仁吗?"孔子说:"〔凡事〕做起来都是困难的,说话能不慎重吗?"

【注释】

〔1〕司马牛:孔子的弟子。姓司马,名耕,一名犁,字子牛。宋国人。相传是宋国大夫桓魋(tuí 颓)的弟弟。

〔2〕讱(rèn 认):言语迟钝,话难说出口,言若有忍而不易发。引申为说话十分慎重,不轻易开口。《史记·仲尼弟子列传》说司马牛"多言而躁"(饶舌话多,个性急躁),由此可见,孔子这一段话是针对司马牛"多言而躁"的毛病所提出的告诫。

12.4　司马牛问君子。子曰:"君子不忧不惧。"曰:"不忧不惧,斯谓之君子已乎?"子曰:"内省不疚[1],夫何忧何惧?"

【今译】

司马牛问〔怎样是〕君子。孔子说:"君子不忧愁,不畏惧。"〔司马牛〕说:"不忧愁不畏惧,就称为君子了吗?"孔子说:"自己反省检查,问心无愧,那还忧愁什么畏惧什么?"

【注释】

〔1〕省(xǐng 醒):检查,反省,检讨。疚(jiù 旧):对于自己的错误感到内心惭愧,痛苦不安。

12.5　司马牛忧曰:"人皆有兄弟,我独亡[1]。"子夏

163

曰："商闻之矣：'死生有命,富贵在天。'君子敬而无失,与人恭而有礼,四海之内,皆兄弟也。君子何患乎无兄弟也?"

【今译】

司马牛忧愁地说："人家都有兄弟,唯独我没有。"子夏说："我听说过：'死生命中注定,富贵由天安排。'君子〔只要〕认真谨慎没有过失,对人恭敬而有礼貌,天下的人都是兄弟呀。君子何必忧虑没有兄弟呢?"

【注释】

〔1〕我独亡："亡",同"无"。关于司马牛没有兄弟的感叹,传统的说法是：司马牛之兄桓魋,与有巢、子颀、子车等在宋国作乱,失败后逃奔卫、齐、吴、鲁。司马牛虽始终未参与其兄的作乱,不赞成这种行为,但也被迫逃亡到鲁国。因此,司马牛有兄弟等于无兄弟,故发出这样的忧叹(事见《左传·哀公十四年》)。

12.6 子张问明。子曰："浸润之谮[1],肤受之愬[2],不行焉[3],可谓明也已矣。浸润之谮,肤受之愬,不行焉,可谓远也已矣[4]。"

【今译】

子张问〔怎样是〕"明"。孔子说："像水浸润般的谗言,像皮肤受痛般的诬告,对你行不通,就可以说是看得明白了。像水浸润般的谗言,像皮肤受痛般的诬告,对你行不通,就可以说是看得远了。"

【注释】

〔1〕浸润之谮："浸(jìn进)润",水(液体)一点一滴逐渐湿润渗透进去。"谮(zèn怎去声)",谗言,说人的坏话。浸润之谮,是说点滴而来、日

积月累、好像水浸润般的诬陷中伤。

〔2〕肤受之愬:"肤受",皮肤上感受到。"愬",与潛义近,诽谤。《正义》说:"愬亦潛也,变其文耳。"肤受之愬,是说好像皮肤上感觉到疼痛般急迫切身的诽谤诬告。

〔3〕不行:行不通。这里指不为那些暗里明里挑拨诬陷的话所迷惑,不听信谗言。

〔4〕远:古语说:"远则明之至也。"《尚书·太甲中》说:"视远惟明,听德惟聪。"可见"远"及上句中的"明"均指看得明白,看得深远、透彻,而"远"比"明"要更进一步。

12.7 子贡问政。子曰:"足食,足兵[1],民信之矣。"子贡曰:"必不得已而去,于斯三者何先?"曰:"去兵。"子贡曰:"必不得已而去,于斯二者何先?"曰:"去食。自古皆有死,民无信不立。"

【今译】

子贡问怎样治理国家。孔子说:"有充足的粮食,有充足的军备,人民信任政府啊。"子贡说:"不得已一定要去掉一项,在这三项中哪一项先去掉呢?"〔孔子〕说:"去掉军备。"子贡说:"不得已一定要再去掉一项,在〔剩下的〕这两项中去掉哪一项呢?"〔孔子〕说:"去掉粮食。自古以来人都是要死的,但如果人民对政府不信任,〔国家政权〕是立不住的。"

【注释】

〔1〕兵:兵器,武器。这里指军备。

12.8 棘子成曰[1]:"君子质而已矣[2],何以文为[3]?"子贡曰:"惜乎,夫子之说君子也!驷不及舌[4]。

文犹质也,质犹文也。虎豹之鞟犹犬羊之鞟[5]。"

【今译】

棘子成说:"君子只要质朴就行了,为何还要那些文采?"子贡说:"可惜呀,夫子您竟这样评说君子。舌头一动,话说出口,就是套上四匹马拉的车,也追不回啊。文如同质,质如同文〔两者同样重要〕。去掉毛的虎豹皮,与去掉毛的犬羊皮就很相似了。"

【注释】

〔1〕棘子成:卫国的大夫。
〔2〕质:质朴,内在的思想品质、道德修养纯朴。
〔3〕文:花纹,文采。引申为文辞、礼仪等方面的修养。
〔4〕驷不及舌:"驷(sì四)",四匹马拉的车。"舌",指说出来的话。话一说出口,是追不回来的。
〔5〕鞟(kuò阔):同"鞹"。去掉了毛的兽皮。

12.9 哀公问于有若曰[1]:"年饥,用不足,如之何?"有若对曰:"盍彻乎[2]?"曰:"二[3],吾犹不足,如之何其彻也?"对曰:"百姓足,君孰与不足?百姓不足,君孰与足?"

【今译】

鲁哀公问有若:"年成不好有饥荒,〔国家财政〕用费不足,怎么办呢?"有若回答说:"为何不实行抽取十分之一的'彻'税法呢?"〔哀公〕说:"抽十分之二的田税,我还不够用,如何能实行'彻'税法呢?"〔有若〕说:"百姓富足了,国君怎么会不足?百姓不富足,国君怎么会足?"

【注释】

〔1〕哀公:鲁国国君。参阅《为政篇第二》第十九章注。有若:姓有,名若,字子有。被后人尊称"有子"。参阅《学而篇第一》第二章注。

〔2〕盍(hé河):何不,为什么不。彻:西周的一种田税制度。就是国家从耕地的收获中抽取十分之一作为田税。

〔3〕二:指国家从耕地的收获中抽取十分之二作为田税。鲁国自宣公十五年(公元前594年)起,不再实行"彻"法,而是以"二"抽税。

12.10 子张问崇德辨惑。子曰:"主忠信,徙义〔1〕,崇德也。爱之欲其生,恶之欲其死,既欲其生,又欲其死,是惑也。'诚不以富,亦只以异。'〔2〕"

【今译】

子张问怎样提高品德,辨别迷惑。孔子说:"以忠诚信实为主,努力做到义,就是提高品德。喜爱一个人就希望他永远活着,厌恶起来又恨不得让他马上死去,既要他活,又要他死,这就是迷惑。〔《诗经》上说:〕'确实不是因为富不富,而只是因为见异思迁。'"

【注释】

〔1〕徙义:指向义迁移、靠拢,按照义去做。"徙(xǐ洗)",迁移。

〔2〕"诚不"句:出自《诗经·小雅·我行其野》。意思是:(你这样对待我)即使不是嫌贫爱富,也是喜新厌旧。孔子在此引这两句诗的意思,现已很难推测。有人认为这两句诗本是其他篇章的文字,因竹简编排的次序错了而误引在此处。可参。

12.11 齐景公问政于孔子〔1〕,孔子对曰:"君君,臣臣,父父,子子。"公曰:"善哉!信如君不君,臣不臣,

167

父不父,子不子,虽有粟,吾得而食诸?"

【今译】

齐景公向孔子问如何治理国家,孔子回答说:"君要像君的样子,臣要像臣的样子,父要像父的样子,子要像子的样子。"齐景公说:"很好啊!果真是君不像君,臣不像臣,父不像父,子不像子,虽然有粮食,我能得到而享受吗?"

【注释】

〔1〕齐景公:姓姜,名杵臼(chǔ jiù 楚旧)。齐庄公异母弟。公元前547—前490年在位。鲁昭公末年,孔子到齐国时,齐大夫陈氏权势日重,而齐景公爱奢侈,多内嬖,厚赋敛,施重刑,不立太子,不听从晏婴的劝谏,国内政治混乱。所以,当齐景公问政时,孔子作了以上的回答。景公虽然口头上赞许同意孔子的意见,却未能真正采纳实行,为君而不尽君道,后来齐国终于被陈氏篡夺。

12.12 子曰:"片言可以折狱者〔1〕,其由也与!"子路无宿诺〔2〕。

【今译】

孔子说:"仅根据〔诉讼双方之中〕一方的言辞,就可以断案的,大概只有仲由吧!"子路没有过夜而不兑现的诺言。

【注释】

〔1〕片言:指原告被告诉讼双方中一方的片面言辞。"片",单方面的。折:断,判断,区别是非曲直。狱:讼事,案件。

〔2〕无宿诺:没有过宿隔夜的诺言,没有拖延而不实现的许诺。"宿",隔夜。

168

12.13 子曰:"听讼[1],吾犹人也,必也使无讼乎!"

【今译】

孔子说:"〔要论〕审理案件,我如同别人一样,〔但我所不同的是〕必须使诉讼案件不发生啊!"

【注释】

〔1〕听讼:处理诉讼。"听",判断,审理,处理。

12.14 子张问政。子曰:"居之无倦,行之以忠。"

【今译】

子张问怎样为政。孔子说:"坚守职位,不松懈倦怠,执行政令要忠实。"

12.15 子曰:"博学于文,约之以礼,亦可以弗畔矣夫[1]!"

【今译】

孔子说:"广泛地多学文化典籍,用礼来约束自己,就可以不违背〔君子之道〕了吧!"

【注释】

〔1〕本章与《雍也篇第六》第二十七章文字略同,可参阅。

12.16 子曰:"君子成人之美,不成人之恶。小人反是。"

【今译】

孔子说:"君子成全别人的好事,不帮别人做成坏事。小人与此相反。"

12.17　季康子问政于孔子。孔子对曰:"政者,正也。子帅以正,孰敢不正?"

【今译】

季康子向孔子问怎样为政。孔子回答说:"政,就是正。您带头走正道,谁敢不走正道?"

12.18　季康子患盗,问于孔子。孔子对曰:"苟子之不欲[1],虽赏之不窃。"

【今译】

季康子担忧盗贼多。向孔子询问〔该怎么办〕。孔子回答说:"假如您不贪财利,就是奖励盗窃,也没有人去盗窃。"

【注释】

〔1〕苟(gǒu狗):假如,如果。

12.19　季康子问政于孔子曰:"如杀无道,以就有道,何如?"孔子对曰:"子为政,焉用杀?子欲善而民善矣。君子之德风,小人之德草,草上之风[1],必偃[2]。"

【今译】

季康子向孔子询问如何为政,说:"如果杀掉作恶的坏人,而去亲近为善的好人,如何呢?"孔子回答说:"您为政,怎么还用杀人呢?您要是想做好事,百姓也会做好事的。君子的品德就像是风,小人的品德就像是草,草上有风,草必然〔随风〕倒下。"

【注释】

〔1〕草上之风:指草上有风,风吹到草上。

〔2〕偃(yǎn眼):仆倒,倒下。

12.20 子张问:"士何如斯可谓之达矣[1]?"子曰:"何哉,尔所谓达者?"子张对曰:"在邦必闻[2],在家必闻。"子曰:"是闻也,非达也。夫达也者,质直而好义,察言而观色,虑以下人。在邦必达,在家必达。夫闻也者,色取仁而行违,居之不疑。在邦必闻,在家必闻。"

【今译】

子张问:"士,怎么样才叫做'达'?"孔子说:"你所说的'达'指什么?"子张回答说:"在朝廷做官一定有名声,为大夫做家臣一定有名声。"孔子说:"这只是名声,而不是'达'。所谓'达'的人,要质朴正直,好尚礼义,善于分析别人的言语,观察别人的脸色,经常想着对人谦恭有礼貌。〔这样的人〕在朝廷做官一定'达',为大夫做家臣一定'达'。至于有虚名的人,表面上好像主张仁德,行动上却违反仁德,还以仁人自居而不怀疑。〔这样的人〕在朝廷一定要〔骗取〕虚名,在大夫封地一定要〔骗取〕虚名。"

【注释】

〔1〕达:通达,显达,处事通情达理,做官地位显贵。孔子认为:达者必须质直好义,具有仁德与智慧,才能与官职地位名实相副。

〔2〕闻:有名声,名望。这里指虚有其名,名实不副。"闻"与"达"相似,而本质不同。达重在诚,要务实,自修于内。闻旨在伪,外求虚名,欺世盗名。

12.21 樊迟从游于舞雩之下,曰:"敢问崇德,修慝〔1〕,辨惑。"子曰:"善哉问!先事后得,非崇德与?攻其恶,无攻人之恶,非修慝与?一朝之忿,忘其身,以及其亲,非惑与?"

【今译】

樊迟陪着〔孔子〕出游于舞雩台下,说:"我大胆地请问:怎样提高品德?怎样消除邪念?怎样辨清迷惑?"孔子说:"问得很好啊!首先努力去做该做的事,不计较后来得到的收获,不就是提高品德么?改掉自己的错误,不攻击别人的错误,不就是消除邪念么?忍不住一时的气愤,而忘掉自身安危,甚至连累自己的父母亲的人,不就是迷惑么?"

【注释】

〔1〕修:整治,消除改正。慝(tè特):邪恶的念头。

12.22 樊迟问仁。子曰:"爱人。"问知〔1〕。子曰:"知人。"樊迟未达〔2〕。子曰:"举直错诸枉〔3〕,能使枉者直。"樊迟退,见子夏曰:"乡也〔4〕,吾见于夫子而问知,子曰:'举直错诸枉,能使枉者直。'何谓也?"子夏曰:"富哉言乎!舜有天下,选于众,举皋陶〔5〕,不仁者远矣〔6〕。汤有天下〔7〕,选于众,举伊尹〔8〕,不仁者远矣。"

【今译】

　　樊迟问什么是仁。孔子说:"爱人。"〔樊迟又〕问什么是智。孔子说:"知道识别人。"樊迟还不能透彻理解。孔子说:"推举选拔正直的人,安排的位置在邪恶的人之上,这样就能使邪恶的人转化为正直。"樊迟〔从孔子那儿〕退出来,见到子夏,说:"刚才我见到老师,问什么是智,老师说:'选拔推举正直的人,安排的位置在邪恶的人之上,这样就能使邪恶的人转化为正直。'这话是什么意思呀?"子夏说:"这是〔意义〕丰富而深刻的话啊!舜有了天下,在众人中选拔人才,推举了皋陶,不仁的人就被疏远了。汤有了天下,在众人中选拔人才,推举了伊尹,不仁的人就被疏远了。"

【注释】

〔1〕知:通"智"。

〔2〕未达:还没明白,没透彻理解。"仁"是"爱人",不分亲疏远近都要爱;而"智"又要求知道了解人,善于识别人,辨明正、邪、贤、否、智、愚而区别对待;那么,"仁"与"智"是否矛盾,要做到"智"是否会妨害"仁"?樊迟心里含糊,弄不大通,故说"未达"。

〔3〕错诸枉:置于邪恶的人之上。参见《为政篇第二》第十九章注。

〔4〕乡:通"向"。从前。此犹说"刚才"。

〔5〕皋陶(gāo yáo 高摇):传说舜时大臣,任"士师",掌管刑法。

〔6〕远:疏远,远离。

〔7〕汤:商朝开国君主,名履,灭夏桀而得天下。

〔8〕伊尹:名挚,汤任他为"阿衡"(即宰相),曾辅助汤灭夏兴商。

12.23　子贡问友。子曰:"忠告而善道之[1],不可则止,毋自辱焉[2]。"

【今译】

　　子贡问怎样对待朋友。孔子说:"要忠诚地劝告他,委婉恰当地开导他,他还不听从,就停止算了,不要自受侮辱。"

【注释】

　　〔1〕道:同"导"。引导,诱导。
　　〔2〕毋(wú吴):勿,不要。

12.24　曾子曰:"君子以文会友,以友辅仁。"

【今译】

　　曾子说:"君子以讲习诗书礼乐文章学问来聚会结交朋友,依靠朋友互相帮助来培养仁德。"

子路篇第十三

（共三十章）

主要讲孔子教育弟子怎样做人,怎样为政。

13.1 子路问政。子曰:"先之[1],劳之[2]。"请益。曰:"无倦。"

【今译】

子路问怎样为政。孔子说:"先要领头去干,带动老百姓都勤劳地干。"〔子路〕请求多讲一点。〔孔子〕说:"永远不要松懈怠惰。"

【注释】

〔1〕先之:指为政者身体力行,凡事率先垂范,以身作则。"之",代词,指百姓。

〔2〕劳之:这里指为政者亲身去干,以自身的"先劳",带动老百姓都勤劳地干,虽勤而无怨。

13.2 仲弓为季氏宰,问政。子曰:"先有司,赦小过,举贤才。"曰:"焉知贤才而举之?"子曰:"举尔所知;尔所不知,人其舍诸[1]?"

【今译】

仲弓担任季氏的私邑总管,问怎样为政。孔子说:"〔凡事〕

要带头,引导手下管事的众官吏去做,宽赦他们的小错误,推举贤良的人才。"〔仲弓〕说:"怎么能知道谁是贤才而选拔他们呢?"孔子说:"选拔你所知道的;你所不知道的,别人难道能不推举他吗?"

【注释】

〔1〕舍:舍弃,放弃。这里指不推举。诸:"之乎"二字合音。

13.3 子路曰:"卫君待子而为政[1],子将奚先[2]?"子曰:"必也正名乎[3]!"子路曰:"有是哉,子之迂也[4],奚其正?"子曰:"野哉,由也!君子于其所不知,盖阙如也[5]。名不正则言不顺,言不顺则事不成,事不成则礼乐不兴,礼乐不兴则刑罚不中[6],刑罚不中则民无所错手足[7]。故君子名之必可言也,言之必可行也。君子于其言,无所苟而已矣[8]。"

【今译】

子路〔对孔子〕说:"〔假如〕卫国国君等待您去治理国家,您将要先做什么事呢?"孔子说:"必须先正名分吧。"子路说:"有这样做的吗?您太迂了,为什么要正名分呢?"孔子说:"真粗野鲁莽啊,仲由!君子对自己所不知道的事情,大概总得抱着存疑的态度吧。〔如果〕名分不正,言语就不顺;言语不顺,事情就办不成;事情办不成,国家的礼乐制度就不能兴建起来;礼乐制度兴建不起来,刑罚的执行就不会恰当;刑罚执行不恰当,人民就手足失措。所以,君子确定名分必须可以说得清楚有理,说了也一定可以行得通。君子对自己所说的话,只是不草率马虎罢了。"

【注释】

〔1〕卫君:卫出公辄。他与父亲争位,引起国内混乱。所以孔子主张,要治理卫国,必先"正名",以明确"君君臣臣父父子子"的关系。参阅《述而篇第七》第十五章注。

〔2〕奚:何,什么。

〔3〕正名:纠正礼制名分上的用词不当,正确地确定某个人的名分。"正",纠正,改正。"名",名分,礼制上的人的名义、身份、地位、等级等。

〔4〕迂(yū淤):迂腐;拘泥守旧,不切实际。

〔5〕阙如:存疑;对还没搞清楚的疑难问题暂时搁置,不下判断;对缺乏确凿根据的事,不武断,不妄说。"阙",同"缺"。

〔6〕中(zhòng众):得当,恰当,适合。

〔7〕错:同"措"。放置,安排,处置。

〔8〕苟(gǒu狗):苟且,随便,马虎。

13.4　樊迟请学稼〔1〕。子曰:"吾不如老农。"请学为圃〔2〕。曰:"吾不如老圃。"樊迟出。子曰:"小人哉,樊须也!上好礼,则民莫敢不敬;上好义,则民莫敢不服;上好信,则民莫敢不用情。夫如是,则四方之民襁负其子而至矣〔3〕,焉用稼!"

【今译】

樊迟请教学习种庄稼。孔子说:"我不如老农夫。"〔樊迟〕请教学习种菜。〔孔子〕说:"我不如老菜农。"樊迟出去了。孔子说:"真是小人呀,樊须。上边重视礼,百姓就不敢不尊敬;上边重视义,百姓就不敢不服从;上边重视信,百姓就不敢不说出真情实况。假如做到这样,四方的百姓就会背着小孩前来投奔,〔从政者〕哪里用得上自己去种庄稼呢?"

177

【注释】

〔1〕樊迟：姓樊，名须，字子迟。参阅《为政篇第二》第五章注。

〔2〕圃(pǔ 普)：菜地，菜园。引申为种菜。

〔3〕襁(qiǎng 抢)：背婴儿的背带、布兜。

13.5 子曰："诵《诗》三百，授之以政，不达[1]；使于四方，不能专对[2]，虽多，亦奚以为[3]？"

【今译】

孔子说："熟读《诗经》三百篇，派他从政做官，却不会处理政务；派他当外交使节，却不能独立地办理处事交涉，读得虽然很多，又有什么用呢？"

【注释】

〔1〕达：通达，通晓；会处理，会运用。

〔2〕专对：即根据外交的具体情况，随机应变，独立行事，回答问题，办理交涉。外交使臣在处理对外交涉的事务时，因不可能时时事事都向本国朝廷请求指示，所以必须有"专对"的能力。又，当时在外交上往往以背诵《诗经》章句来委婉地进行提问和回答，故"诵诗三百"是外交人才的必备条件。

〔3〕以：用。为：句末语助词，表示感慨或疑问。

13.6 子曰："其身正，不令而行；其身不正，虽令不从。"

【今译】

孔子说："本身品行端正，就是不发命令，人民也会照着去做；本身品行不正，即使发布命令，人民也不会听从。"

13.7 子曰:"鲁卫之政[1],兄弟也。"

【今译】

孔子说:"鲁国、卫国的政治,像兄弟一般。"

【注释】

〔1〕鲁卫之政:鲁国是周公(姬旦)的封地,卫国是周公的弟弟康叔的封地。鲁、卫本兄弟之国,后来衰乱又相似,孔子遂有这样的感叹。

13.8 子谓卫公子荆善居室[1]。始有,曰:"苟合矣[2]。"少有,曰:"苟完矣。"富有,曰:"苟美矣。"

【今译】

孔子说卫国的公子荆,善于管理家业。开始有些财产时,〔公子荆〕说:"差不多合于我的要求了。"再增加一些财产时,〔他〕说:"差不多完备了。"到财产富足时,说:"差不多是非常美好了。"

【注释】

〔1〕公子荆:卫国的大夫,字南楚。是卫献公的儿子,故称公子荆。传说他十五岁就代理宰相,处理国事。对自己的家业和生活享受,能随时知足,不奢侈。吴国的公子季札,曾把公子荆列为卫国的君子(见《左传·襄公二十九年》)。善居室:善于管理家业、管理财务经济,会过日子。

〔2〕苟:差不多,也算是。

13.9 子适卫[1],冉有仆[2]。子曰:"庶矣哉[3]!"冉有曰:"既庶矣,又何加焉[4]?"曰:"富之。"曰:"既富矣,又何加焉?"曰:"教之[5]。"

【今译】

　　孔子到卫国去,冉有驾车。孔子说:"〔这儿〕人真多啊!"冉有说:"人已经多了,又该怎么办呢?"〔孔子〕说:"让他们富裕起来。"〔冉有〕说:"已经富裕了,又该怎么办呢?"〔孔子〕说:"教育他们。"

【注释】

　　〔1〕适:往,到,去。
　　〔2〕仆:驾车。
　　〔3〕庶(shù 树):众多。这里指卫国人口众多。
　　〔4〕何加:即"加何"。增加什么,进一步干什么、办什么。
　　〔5〕教:教育,教化。孔子主张"先富而后教"。

13.10　子曰:"苟有用我者[1],期月而已可也[2],三年有成。"

【今译】

　　孔子说:"如果有人用我〔治理国家〕,一周年就可以〔初具规模,有可观之处〕,三年〔功业〕会大有成效。"

【注释】

　　〔1〕苟:如果,假如。
　　〔2〕期月:周一年十二个月,即一周年。"期(jī 基)",周。

13.11　子曰:"'善人为邦百年,亦可以胜残去杀矣。'诚哉是言也[1]!"

【今译】

　　孔子说:"'善人治理国家一百年,也就可以克服残暴、免去刑杀了。'真对啊,这话!"

【注释】

〔1〕是:代词。这,此。

13.12 子曰:"如有王者[1],必世而后仁[2]。"

【今译】

孔子说:"如果有王者兴起,必须三十年以后才能实施仁政。"

【注释】

〔1〕王者:能治国安邦、以德行仁的贤明君王。

〔2〕世:三十年是一世。

13.13 子曰:"苟正其身矣,于从政乎何有?不能正其身,如正人何?"

【今译】

孔子说:"如果端正了自身〔品行〕,从事政治还有什么〔困难〕呢?自身不能端正,怎样使别人端正呢?"

13.14 冉子退朝[1]。子曰:"何晏也[2]?"对曰:"有政。"子曰:"其事也。如有政,虽不吾以[3],吾其与闻之。"

【今译】

冉求〔从季氏官府〕办完公事回来。孔子说:"为何回来晚了?"〔冉求〕回答说:"有政务。"孔子说:"是〔季氏私家〕一般的事务吧。如果有〔国家〕政务,虽然〔国君〕不任用我了,我也会有所闻的。"

【注释】

〔1〕冉子:冉求。曾任季氏宰(家臣)。参阅《八佾篇第三》第六章注。

〔2〕晏(yàn砚):晚,迟。

〔3〕吾以:用我。"以",用。

13.15 定公问:"一言而可以兴邦,有诸[1]?"孔子对曰:"言不可以若是,其几也[2],人之言曰:'为君难,为臣不易。'如知为君之难也,不几乎一言而兴邦乎?"曰:"一言而丧邦,有诸?"孔子对曰:"言不可以若是,其几也,人之言曰:'予无乐乎为君,唯其言而莫予违也。'如其善而莫之违也,不亦善乎?如不善而莫之违也,不几乎一言而丧邦乎?"

【今译】

鲁定公问:"一句话就可以使国家兴盛,有这样的话吗?"孔子回答说:"话不可以讲得像这样肯定,但有与这接近的,有人说:'做君主难,做臣也不容易。'如果知道做君主难,这岂不接近于'一句话就可以使国家兴盛'吗?"〔鲁定公〕说:"一句话就可以使国家丧失,有这样的话吗?"孔子回答说:"话不可以讲得像这样肯定,但有与这接近的,有人说:'我做君主并没有什么可高兴的,只是〔高兴〕我说的话没有人违抗。'如果君主说的话正确,而没有人违抗,不也是很好吗?如果说的话不正确,而没有人违抗,这岂不接近于'一句话就可以使国家丧失'吗?"

【注释】

〔1〕诸:"之乎"二字的合音。

〔2〕几(jī基):将近,接近。

13.16 叶公问政[1]。子曰:"近者说,远者来。"

【今译】

叶公问怎样为政。孔子说:"使近处的人民感到喜悦,远处的人民来投奔归附。"

【注释】

〔1〕叶公:姓沈,名诸梁,楚国大夫。参阅《述而篇第七》第十九章注。

13.17 子夏为莒父宰[1],问政。子曰:"无欲速,无见小利。欲速则不达,见小利则大事不成。"

【今译】

子夏到莒父当地方长官,问怎样为政。孔子说:"不要求速成,不要贪图小利。想求速成,反而达不到目的;贪图小利,就做不成大事。"

【注释】

〔1〕莒父(jǔ fǔ举甫):鲁国城邑名,在今山东省莒县境内。一说,在高密县东南。

13.18 叶公语孔子曰:"吾党有直躬者[1],其父攘羊而子证之[2]。"孔子曰:"吾党之直者异于是,父为子隐[3],子为父隐,直在其中矣。"

【今译】

　　叶公对孔子说:"我的家乡有个正直的人,他的父亲偷了羊,他便去告发。"孔子说:"我们家乡的正直的人和你所讲的不一样:父亲为儿子隐瞒,儿子为父亲隐瞒,正直的品德就在其中了。"

【注释】

　　〔1〕直躬者:犹言正直、坦率的人。"躬",身。
　　〔2〕攘(rǎng嚷):偷,窃,抢。证:检举,告发。
　　〔3〕父为子隐:"隐",隐瞒,隐讳。儒家提倡父慈子孝,即使对方有错,也要在外人面前为之隐瞒。这反映了儒家思想的局限性。

13.19　樊迟问仁。子曰:"居处恭,执事敬,与人忠。虽之夷狄[1],不可弃也。"

【今译】

　　樊迟问怎样是仁。孔子说:"在家能恭敬规矩,办事能认真谨慎,对人能忠实诚恳。虽然到了夷狄,〔这三种德行〕也是不可放弃的。"

【注释】

　　〔1〕之:动词。到,去,往。

13.20　子贡问曰:"何如斯可谓之士矣?"子曰:"行己有耻,使于四方,不辱君命,可谓士矣。"曰:"敢问其次?"曰:"宗族称孝焉,乡党称弟焉[1]。"曰:"敢问其次?"曰:"言必信,行必果。硁硁然小人哉[2],抑亦可以为次矣。"曰:"今之从政者何如?"子曰:"噫!斗筲之人[3],何足算也!"

【今译】

子贡问:"如何才配称为'士'?"孔子说:"对自己的行为能保持羞耻之心;出使到其他国家,能不辜负君主委托的使命,这样的人可配称为'士'了。"〔子贡〕说:"我冒昧地问,次一等的呢?"〔孔子〕说:"宗族里的人称赞他孝顺父母,乡里的人称赞他敬爱兄长。"〔子贡〕说:"我冒昧地问,再次一等的呢?"〔孔子〕说:"说话一定守信用,行动一定坚决果断。〔虽然这样做〕是浅薄固执的小人,不过也可以作为次一等的了。"〔子贡〕说:"如今从政的人如何呢?"孔子说:"咳!这些器量小的卑贱的人,算得了什么!"

【注释】

〔1〕弟:同"悌"。敬爱兄长。

〔2〕硁硁然:"硁(kēng坑)",通"硁",小石坚确貌。形容浅薄固执。孔子认为如果不问是非曲直,在大事上糊涂,只管自己的言行"必信""必果",必然会陷于浅薄固执。《孟子·离娄下》说:"大人者,言不必信,行不必果,惟义所在。"意思是:真正有德行的人,说话不一定句句守信,行为不一定贯彻始终,只要合乎道义,按道义行事便成。这话可作为《论语》本章的补充。

〔3〕斗筲:"筲(shāo烧)",盛饭用的小竹器,饭筐。斗、筲容量都不大(一斗只容十升;一筲只容五升,一说容一斗二升),引申来形容人的见识短浅,器量狭小。

13.21　子曰:"不得中行而与之[1],必也狂狷乎[2]!狂者进取,狷者有所不为也。"

【今译】

孔子说:"找不到言行合于中庸之道的人与他交往,那一定是要同狂者和狷者交往了。狂者有进取心,敢作敢为;狷者拘谨,洁身自好,绝不肯做坏事。"

【注释】

〔1〕中行:合乎中庸之道的言行。与:相与,交往,来往;向他传道,同他共事。

〔2〕狂:指志意高远,纵情任性,骄傲自大,但勇往直前,敢作敢为,有进取精神。狷(juàn倦):指为人耿直拘谨,洁身自好,安分守己,不求有所作为亦绝不肯同流合污。

13.22 子曰:"南人有言曰:'人而无恒,不可以作巫医[1]。'善夫!'不恒其德,或承之羞[2]。'"子曰:"不占而已矣[3]。"

【今译】

孔子说:"南方人有句话说:'人如果没有恒心,不可以当巫医。'〔这话〕真好啊!〔《易经》上也说:〕'如果不能永恒地保持自己的德行,免不了要承受羞辱。'"孔子〔又〕说:"〔这就是叫没有恒心的人〕不用占卦罢了。"

【注释】

〔1〕巫医:"巫",巫师,能降神占卜的人。"医",医师。古代巫、医往往合于一身,巫师亦往往掌握一定的医术,或以禳祷之术替人疗疾。朱熹说:"巫,所以交鬼神;医,所以寄死生。故虽贱役,而犹不可以无常。"

〔2〕"不恒"二句:见《易经·恒卦·九三爻辞》。意为:做人如果不能永恒地保持自己的德行(三心二意,没有操守),免不了要承受招来的羞辱。

〔3〕占:占卜,算卦。孔子这句话的言下之意或为:没有恒心的人一

定遇凶,用不着再去占卜了。

13.23 子曰:"君子和而不同[1],小人同而不和。"

【今译】

孔子说:"君子,讲求和谐而不盲从附和;小人,同流合污而不能和谐。"

【注释】

[1] 和,同:这是春秋时代常用的两个概念。"和",和谐,调和,互相协调。指不同性质的各种因素的和谐统一。如五味的调和,八音的合谐。君子尚义,无乖戾之心,能和谐共处,但不盲从附和,能用自己的正确意见来纠正别人的错误意见,故说"和而不同"。"同",相同,同类,同一。小人尚利,在利益一致时,互相阿比,同流合污,能够"同";然一旦利益发生冲突,则不能和谐相处,更不能用道义来协调人情世故。故说"同而不和"。

13.24 子贡问曰:"乡人皆好之[1],何如?"子曰:"未可也。""乡人皆恶之[2],何如?"子曰:"未可也。不如乡人之善者好之,其不善者恶之。"

【今译】

子贡问:"全乡都喜欢的人,如何呢?"孔子说:"未必可以。"〔子贡又问:〕"全乡都憎恶的人,如何呢?"孔子说:"未必可以。不如是全乡中的好人都喜欢他,坏人都讨厌他。"

【注释】

[1] 好(hào 号):喜爱,称道,赞扬。

〔2〕恶(wù务):憎恨,讨厌。

13.25 子曰:"君子易事而难说也[1]。说之不以道,不说也。及其使人也,器之。小人难事而易说也。说之虽不以道,说也。及其使人也,求备焉。"

【今译】
孔子说:"给君子做事容易,却难以讨他的喜欢。不以正道去讨他的喜欢,他是不喜欢的。而到他使用人的时候,对人却能按才能的大小合理使用他。给小人做事很困难,却容易讨他喜欢。虽然不以正道去讨他的喜欢,他也会喜欢的。而到他使用人的时候,对人就求全责备。"

【注释】
〔1〕易事:易与共事,事奉他、给他做事容易。说:同"悦"。

13.26 子曰:"君子泰而不骄[1],小人骄而不泰。"

【今译】
孔子说:"君子安舒坦然而不骄傲放肆,小人骄傲放肆而不安舒坦然。"

【注释】
〔1〕泰,骄:皇侃《论语义疏》:"君子坦荡荡,心貌怡平,是泰而不为骄慢也;小人性好轻凌,而心恒戚戚,是骄而不泰也。"朱熹说:"君子循理,故安舒而不矜肆。小人逞欲,故反是。"

13.27 子曰:"刚,毅,木[1],讷[2],近仁。"

【今译】

孔子说:"刚强不屈,果敢坚毅,质朴老实,言语谨慎,〔这四种品德〕接近于仁。"

【注释】

〔1〕木:质朴,朴实,憨厚老实。

〔2〕讷:说话迟钝。引申为言语非常谨慎,不肯轻易说话。

13.28 子路问曰:"何如斯可谓之士矣?"子曰:"切切偲偲[1],怡怡如也[2],可谓士矣。朋友切切偲偲,兄弟怡怡。"

【今译】

子路问:"如何才配称为'士'呢?"孔子说:"互相勉励督促,待人亲切和气,可以称为'士'了。朋友之间要互相勉励督促,兄弟之间要亲切和气。"

【注释】

〔1〕切切偲偲(sī私):恳切地责勉、告诫,善意地互相批评;相互切磋,相互督促,和睦相处。

〔2〕怡怡(yí移):和气,安适,愉快。

13.29 子曰:"善人教民七年[1],亦可以即戎矣[2]。"

【今译】

孔子说:"有作为的领导人教练百姓七年,就可以〔使百姓〕

从军作战了。"

【注释】

〔1〕善人:好的有作为的领导人。一说,善于治军作战的人。

〔2〕即:靠近,从事,参加。戎(róng 荣):军队,战争。

13.30 子曰:"以不教民战[1],是谓弃之。"

【今译】

孔子说:"用没有经过军事训练的人去作战打仗,这就叫做抛弃他们。"

【注释】

〔1〕不教民:即"不教之民"。没有经过军事教育训练的人。

宪问篇第十四

（共四十四章）

主要记孔子及其弟子论修身作人之道，兼有对历史人物的评价。

14.1 宪问耻[1]。子曰："邦有道，谷[2]。邦无道，谷，耻也。""克、伐、怨、欲[3]，不行焉，可以为仁矣？"子曰："可以为难矣，仁则吾不知也。"

【今译】
　　原宪问怎样是可耻。孔子说："国家有道，应做官拿俸禄。国家无道，仍然做官拿俸禄，就是可耻。"〔原宪又问：〕"好胜，自夸，怨恨，贪欲，〔这些毛病〕都能克制，可以算做到了仁吧？"孔子说："可以说是难能可贵的，至于〔算不算做到〕仁，我不知道。"

【注释】
　　〔1〕宪：即原思。参阅《雍也篇第六》第五章注。原思，当属于前章孔子所说的"狷者"类型的人物，故孔子言"邦有道"应有为而立功食禄，"邦无道"才应独善而不贪位慕禄，以激励原思的志向，使他自勉而进于有为。
　　〔2〕谷：谷米。指当官拿俸禄。
　　〔3〕克：争强好胜。伐：自我夸耀。怨：怨恨，恼怒。欲：贪求多欲。

14.2　子曰:"士而怀居[1],不足以为士矣。"

【今译】
孔子说:"作为'士',如果留恋家庭,就不足以成为'士'了。"

【注释】
〔1〕怀居:"怀",留恋,思念。"居",家居,家庭。《左传》上有"怀与安,实败名"的话(《僖公二十三年》),士若怀恋家居之安,心有所累,就成功不了事业。

14.3　子曰:"邦有道,危言危行[1];邦无道,危行言孙[2]。"

【今译】
孔子说:"国家有道,要说话正直,行为正直;国家无道,行为仍可正直,但说话要随和顺从。"

【注释】
〔1〕危:正直。言人所不敢言,行人所不敢行。
〔2〕孙:同"逊"。谦逊,恭顺。在这里,有随和顺从而谨慎之意。孔子认为,处乱世,要"言孙"以避祸,不应"危言"而招祸(作无谓牺牲)。

14.4　子曰:"有德者必有言,有言者不必有德。仁者必有勇,勇者不必有仁。"

【今译】
孔子说:"有德行的人一定有〔好的〕言论,有〔好的〕言论的人却不一定有德行。有仁德的人必定勇敢,勇敢的人却不一定有仁德。"

14.5 南宫适问于孔子曰[1]:"羿善射[2],奡荡舟[3],俱不得其死然。禹、稷躬稼而有天下[4]。"夫子不答。南宫适出。子曰:"君子哉若人!尚德哉若人!"

【今译】

南宫适问孔子:"羿善于射箭,奡善于水战,最后都不得好死。禹、稷亲自种庄稼,却取得了天下。〔应怎样评价这些历史人物呢?〕"孔子没回答。南宫适出去了。孔子说:"真是君子啊,这个人!真是尊崇道德啊,这个人!"

【注释】

〔1〕南宫适:孔子弟子。参阅《公冶长篇第五》第二章注。

〔2〕羿:在上古神话传说中有三个羿,都是善于射箭的英雄。一是唐尧时的射箭能手。传说尧时十日并出,晒得大地河干草枯,羿射掉九日以解救民困。二是帝喾时的射师。三是夏时有穷国的君主。传说他本是夷族的一个酋长,曾一度篡夺了夏的政权而代理夏政。其理政后荒淫喜猎,把朝政交给亲信家臣寒浞(zhuó浊)管理。寒浞觊觎羿的地位和美貌的妻子,收买了羿的家奴逢蒙,乘羿打猎回来毫无防备,将其杀害。本章中的羿即指有穷国的羿。

〔3〕奡荡舟:"奡(ào傲)",一作"浇"。寒浞的儿子。是个大力士,又善于水战。传说他能"陆地行舟(在陆地上推着船走)"。"荡舟",摇船,划船。据顾炎武《日知录》说:古人以左右冲杀为"荡"。这里便可理解为水战,即以舟师冲杀。《竹书纪年》曾记:"奡伐斟鄩,大战于潍,覆其舟,灭之。"后在征战中,奡被夏朝中兴之主少康所杀。

〔4〕禹:夏代开国祖先,善治水,重视发展农业。稷(jì计):传说是帝喾之子,名弃,善农耕,尧举为农师。至舜时,受封于邰(今陕西省武功县西南),号曰"后稷",别姓姬氏,是周朝的祖先。后世又被奉为谷神。

14.6　子曰:"君子而不仁者有矣夫,未有小人而仁者也。"

【今译】

孔子说:"君子当中没有仁德的人是有的呀,〔可是〕小人当中从来没有有仁德的人。"

14.7　子曰:"爱之,能勿劳乎[1]?忠焉,能勿诲乎?"

【今译】

孔子说:"爱他,能不让他勤劳吗?忠于他,能不劝告教诲他吗?"

【注释】

〔1〕劳:勤劳,劳苦,操劳。此有进行劳动教育的含意。朱熹《四书集注》说:"爱而知劳之,则其为爱也深矣;忠而知诲之,则其为忠也大矣。"《国语·鲁语下》:"夫民劳则思,思则善心生;逸则淫,淫则忘善,忘善则恶心生。"

14.8　子曰:"为命[1],裨谌草创之[2],世叔讨论之[3],行人子羽修饰之[4],东里子产润色之[5]。"

【今译】

孔子说:"〔郑国〕创制外交公文,总是由裨谌创作写出草稿;由世叔组织讨论;由外交官员子羽加以修饰;再由东里的子产润色。"

【注释】

〔1〕命:旧注谓指诸侯"盟会之辞",即外交辞令。

〔2〕裨谌(pí chén皮臣):郑国大夫。

〔3〕世叔:《左传》作"子太叔"("太"、"世"二字古时通用),名游吉,郑国大夫。子产死后,继任郑国宰相。

〔4〕行人:掌使之官(外交官员)。子羽:公孙挥,字子羽。郑国大夫。

〔5〕东里:郑国邑名,在今河南郑州市,子产所居。子产:名侨,字子产。郑国大夫,后任宰相,有政声。

14.9 或问子产,子曰:"惠人也。"问子西[1],曰:"彼哉!彼哉[2]!"问管仲,曰:"人也。夺伯氏骈邑三百[3],饭疏食,没齿无怨言[4]。"

【今译】

有人问到子产〔是怎样的人〕,孔子说:"是惠爱于民的人。"问到子西,〔孔子〕说:"他呀!他呀!"问到管仲,〔孔子〕说:"是个人才。他剥夺了伯氏骈邑的三百户采地,〔伯氏〕只得吃粗粮和蔬菜,〔可是〕直到老死,也没有怨言。"

【注释】

〔1〕子西:春秋时,载入史籍的有三个子西。其一,楚国的公子申(楚平王的庶长子),曾任令尹(即宰相),有贤名,立楚昭王。他和孔子同时,死于孔子之后。其二,楚国的斗宜申。后谋乱被杀。生活在鲁僖公、鲁文公之世。其三,郑国的公孙夏,是子产(公孙侨)的同宗兄弟。曾掌握郑国政权,他死后,才由子产继他而执政。生当鲁襄公之世。本章的子西,或说指楚国的公子申,或说指郑国的公孙夏,已不可确考。

〔2〕"彼哉"句:他呀,他呀。这是古代曾经流行的一个习惯用语,表

示轻视,犹言算得了什么,不值得一提。

〔3〕伯氏:名偃,齐国大夫。骈邑:齐国的地名。据清代阮元《积古斋钟鼎彝器款识》考证,今山东省临朐县柳山寨,即春秋时的骈邑,现仍残留有古城城基。

〔4〕没(mò默)齿:老到牙齿都掉没了。指老死,终身。无怨言:没有抱怨、怨恨的话。史载:伯氏有罪,管仲为宰相,奉齐桓公之命,依法下令剥夺了伯氏的采邑三百户。因管仲执法公允,所以伯氏口服心服,始终无怨言。

14.10 子曰:"贫而无怨难,富而无骄易。"

【今译】
孔子说:"贫穷而没有怨恨,是困难的;富裕了而不骄傲,是容易的。"

14.11 子曰:"孟公绰为赵、魏老则优[1],不可以为滕、薛大夫[2]。"

【今译】
孔子说:"孟公绰做赵氏、魏氏的家臣,是优良的;但是不可以做滕、薛的大夫。"

【注释】
〔1〕孟公绰:鲁国大夫,属于孟孙氏家族。廉静寡欲而短于才。其德为孔子所敬重。老:古代对大夫家臣之长的尊称,也称"室老"。

〔2〕滕、薛:古代两个小诸侯国。"滕",故城在今山东省滕州市西南十五里。"薛",故城在今山东省滕州市东南四十馀里官桥至薛城一带。为何孟公绰不宜任小国的大夫呢?朱熹说:"大家势重,而无诸侯之事;家老望尊,而无官守之责。""滕、薛国小政繁,大夫位高责重。"所以,孔子说

像孟公绰这种"廉静寡欲而短于才"的人,可以任大国上卿的家臣(望尊而职不杂,德高则能胜任),而不可以任小国的大夫(政烦责重,才短则难以胜任)。这说明了知人善任的重要性。

14.12 子路问成人[1]。子曰:"若臧武仲之知[2],公绰之不欲,卞庄子之勇[3],冉求之艺,文之以礼乐,亦可以为成人矣。"曰:"今之成人者何必然?见利思义,见危授命,久要不忘平生之言[4],亦可以为成人矣。"

【今译】

子路问怎样才是一个完美的人。孔子说:"假若有臧武仲的明智,孟公绰的不贪欲,卞庄子的勇敢,冉求的多才多艺,再用礼乐以增文采,也就可以成为完美的人了。"〔孔子又〕说:"现在要成为完美的人何必一定这样要求呢?〔只要他〕见到财利时能想到道义,遇到〔国家〕有危难而愿付出生命,长久处于穷困的境遇也不忘记平日的诺言,也就可以成为一个完美的人了。"

【注释】

〔1〕成人:完人;人格完备,德才兼备的人。

〔2〕臧武仲:即臧孙纥(hé 盒),臧文仲之孙。鲁国大夫,因不容于鲁国权臣而出逃。逃到齐国后,他预料到齐庄公不能长久,便设法拒绝了齐庄公给他的田,孔子认为他很明智(见《左传·襄公二十三年》)。

〔3〕卞庄子:鲁国大夫,封地在卞邑(今山东省泗水县东)。传说他曾一个人去打虎,以勇著称。一说,即孟庄子。

〔4〕久要:长久处于穷困的境遇。"要(yāo 腰)",通"约"。穷困。一说,"久要"即旧约,旧时答应过别人的话,从前同别人约定的事。平生:

平日。

14.13 子问公叔文子于公明贾曰[1]:"信乎,夫子不言、不笑、不取乎[2]?"公明贾对曰:"以告者过也[3]。夫子时然后言,人不厌其言;乐然后笑,人不厌其笑;义然后取,人不厌其取。"子曰:"其然,岂其然乎?"

【今译】

孔子向公明贾问到公叔文子,说:"是真的吗?〔有人说公叔文子〕老先生不说、不笑、不取财。"公明贾回答说:"这是传话的人说得过分了。〔公叔文子〕老先生是到适当的时候然后说,别人就不讨厌他的讲话;快乐了然后笑,别人就不讨厌他的笑;符合礼义然后取财,别人就不讨厌他的取。"孔子说:"原来是这样,怎么会〔传成〕那样呢?"

【注释】

〔1〕公叔文子:名拔(一作发)。卫国大夫,卫献公之孙。死后谥"文",故称公叔文子。公明贾:姓公明,名贾。卫国人。公叔文子的使臣。一说,"公明"即"公羊",是《礼记》中说的公羊贾。

〔2〕夫子:敬称公叔文子。

〔3〕过:说得过分,传话传错了。

14.14 子曰:"臧武仲以防求为后于鲁[1],虽曰不要君[2],吾不信也。"

【今译】

孔子说:"臧武仲凭借防而请求〔鲁国国君〕为他在鲁国立

后代为大夫,虽然有人说〔臧武仲这样做〕不是要挟君主,可是我不相信。"

【注释】

〔1〕"臧武"句:"防",鲁国地名,在今山东省费县东北六十里的华城,紧靠齐国边境,是臧武仲受封的地方。公元前550年(鲁襄公二十三年),臧武仲因帮助季氏废长立少得罪了孟孙氏,逃到邻近邾国。不久,他又回到他的故邑防城,向鲁国国君请求为臧氏立后代(让他的子孙袭受封地,并任鲁国大夫)。言辞甚逊,但言外之意:否则将据邑以叛。得到允许后,他逃亡到齐国(见《左传·襄公二十三年》)。

〔2〕要(yāo腰):胁迫,要挟。

14.15 子曰:"晋文公谲而不正[1],齐桓公正而不谲[2]。"

【今译】

孔子说:"晋文公诡诈不正派;齐桓公正派不诡诈。"

【注释】

〔1〕晋文公:春秋时有作为的政治家。晋献公之子,姓姬,名重耳。因献公宠骊姬,立幼子为嗣,他受到迫害,流亡国外十九年;后由秦国送回晋国,即位,为文公。他整顿内政,加强军队,使国力强盛。又平定周朝内乱,迎接周襄王复位,以"尊王"相号召。他伐卫致楚,"城濮之战"用阴谋而大败楚军。在践土(今河南省荥阳县东北)大会诸侯,成为春秋时著名的霸主之一。公元前636—前628年在位。谲(jué 绝):欺诈,玩弄权术,耍弄阴谋手段。

〔2〕齐桓公:春秋时有作为的政治家。姓姜,名小白,姜尚(太公)的后人,齐襄公之弟。襄公被杀后,他从莒回国,取得政权。任用管仲为相,进行改革,富国强兵。以"尊王攘夷"相号召,帮助燕国打败北戎,营救邢、卫二国,制止戎狄入侵;又联合中原诸侯进攻蔡、楚,与楚会盟于召陵(今

河南省郾城东北);还平定了东周王室的内乱,多次与诸侯结盟,互不使用武力,使天下太平了四十年。齐桓公成为春秋时第一个霸主。公元前685—前643年在位。

14.16　子路曰:"桓公杀公子纠[1],召忽死之[2],管仲不死。"曰:"未仁乎?"子曰:"桓公九合诸侯[3],不以兵车[4],管仲之力也! 如其仁! 如其仁!"

【今译】

子路说:"齐桓公杀了公子纠,召忽自杀殉节,但管仲却没有自杀。"〔子路又〕说:"〔这样,管仲〕算是没有仁德吧?"孔子说:"齐桓公多次召集各诸侯国,主持盟会,没用武力,而制止了战争,这都是管仲的力量啊! 这就算他的仁德! 这就算他的仁德!"

【注释】

〔1〕公子纠:小白(即后来的齐桓公)的哥哥。他二人都是齐襄公的弟弟。襄公无道,政局混乱,他二人怕受连累,于是,小白由鲍叔牙事奉逃亡莒国,公子纠由管仲、召忽事奉逃亡鲁国。而后,齐襄公被公孙无知杀死,公孙无知立为君。次年,雍廪又杀死公孙无知,齐国当时就没有国君了。在鲁庄公发兵护送公子纠要回齐国即位的时候,小白用抢先回到齐国,立为君。接着兴兵伐鲁,逼迫鲁国杀死了公子纠(见《左传》庄公八年、九年)。

〔2〕召忽:他与管仲都是公子纠的家臣、师傅。公子纠被杀后,召忽自杀殉节。管仲却归服齐桓公,并由鲍叔牙推荐当了宰相。

〔3〕九合诸侯:多次会合诸侯。"九",不是确数,极言其多。一说,"九"便是"纠",古字通用。"合",集合。

〔4〕不以:不用。兵车:战车。代指武力。

14.17　子贡曰:"管仲非仁者与? 桓公杀公子纠,

不能死,又相之。"子曰:"管仲相桓公,霸诸侯,一匡天下[1],民到于今受其赐。微管仲[2],吾其被发左衽矣[3]。岂若匹夫匹妇之为谅也[4],自经于沟渎而莫之知也[5]!"

【今译】

子贡说:"管仲不是仁人吧?桓公杀了公子纠,〔管仲〕没自杀,却又辅佐桓公。"孔子说:"管仲辅佐桓公,〔使齐国〕在诸侯中称霸,匡正了天下,人民到如今还受到他给的好处。如果没有管仲,我们恐怕已经沦为披头散发衣襟在左边开的落后民族了。难道〔管仲〕像一般的平庸男女那样,为了守小节,在小山沟里上吊自杀,而不被人所知道吗?"

【注释】

〔1〕一匡天下:使天下的一切得到匡正。"匡",正,纠正。
〔2〕微:非,无,没有。一般用于和既成事实相反的假设句前面。
〔3〕被发左衽:当时边疆地区夷狄少数民族的风俗、打扮。"被",同"披"。"衽(rèn 认)",衣襟。
〔4〕匹夫匹妇:指一般的平民百姓,平庸的人。谅:信实,遵守信用。这里指拘泥小的信义、小的节操。
〔5〕自经:自缢,上吊自杀。沟渎(dú 毒):古时,田间水道称沟,邑间水道称渎。这里指小山沟。

14.18 公叔文子之臣大夫僎与文子同升诸公[1]。子闻之,曰:"可以为'文'矣[2]。"

【今译】

公叔文子的家臣大夫僎,与文子同在朝廷为大夫。孔子听

201

到这件事,说:"〔公叔文子死后〕可以用'文'作谥号了。"

【注释】

〔1〕僎(xún旬):人名。原是公叔文子的家臣,由于文子的推荐,当上卫国的大夫。同升诸公:谓僎由家臣经公叔文子推荐而与之同为卫国的大夫。"公",公室,朝廷。

〔2〕为文:谥号为"文"。实际上,公叔文子死后,其子戍请谥于君。卫君说:过去卫国遭荒年时,公叔文子曾煮粥赈济,施恩惠于饥民;又在国家危难时对君王表现非常忠贞。故给他的谥号是"贞惠文子"。

14.19　子言卫灵公之无道也,康子曰:"夫如是,奚而不丧[1]?"孔子曰:"仲叔圉治宾客[2],祝鮀治宗庙[3],王孙贾治军旅。夫如是,奚其丧?"

【今译】

孔子说到卫灵公的昏庸无道,季康子说:"像这样〔无道〕,为什么还不失位丧亡呢?"孔子说:"有仲叔圉接待宾客办理外交,祝鮀主管祭祀,王孙贾统率军队。像这样〔用人得当〕,怎么会失位丧亡呢?"

【注释】

〔1〕奚:为何,为什么。
〔2〕仲叔圉(yǔ雨):即孔文子。卫国大夫,世袭贵族。
〔3〕祝鮀(tuó驼):卫国大夫,世袭贵族。

14.20　子曰:"其言之不怍[1],则为之也难。"

【今译】

孔子说:"一个人大言不惭,那么实际去做就困难了。"

202

14.25 蘧伯玉使人于孔子[1]，孔子与之坐而问焉，曰："夫子何为？"对曰："夫子欲寡其过而未能也。"使者出，子曰："使乎！使乎！"

【今译】

蘧伯玉派使者去看望孔子，孔子让他坐下，问道："蘧老先生〔近来〕在做些什么？"使者回答说："他老先生想少犯些错误，却常感觉没能做到。"使者走了以后，孔子说："好使者啊！好使者啊！"

【注释】

〔1〕蘧（qú渠）伯玉：姓蘧，名瑗，字伯玉，卫国大夫。孔子去卫国时，曾住在他家里。当时，蘧伯玉是有名的有道德修养的人，古人对他颇多赞誉，如"蘧伯玉年五十而知四十九年非"（《淮南子·原道训》），"蘧伯玉行年六十而六十化"（《庄子·则阳篇》）。所谓化就是"与日俱新，随年变化"（郭庆藩《庄子集释》）之意。从本章所叙也可看出：使者说的话很谦卑，而由此却越能显出蘧伯玉善于改过的贤德。

14.26 子曰："不在其位，不谋其政[1]。"曾子曰[2]："君子思不出其位[3]。"

【今译】

孔子说："不在那个职位，就不要过问那方面的政事。"曾子说："君子考虑事情，不超出他职位的范围。"

【注释】

〔1〕"不在"句：已见前《泰伯篇第八》第十四章，可参阅。

〔2〕曾子：曾参。参阅《学而篇第一》第四章注。

〔3〕"君子"句：本句也见于《周易·艮卦·象辞》："君子以思不出

其位。"

14.27 子曰:"君子耻其言而过其行。"

【今译】

孔子说:"君子以说得多做得少为可耻。"

14.28 子曰:"君子道者三,我无能焉:仁者不忧,知者不惑,勇者不惧。"子贡曰:"夫子自道也!"

【今译】

孔子说:"君子之道有三条,我都没能做到:仁德的人不忧愁,智慧的人不迷惑,勇敢的人不畏惧。"子贡说:"〔这正是〕老师您的自我表述啊!"

14.29 子贡方人[1]。子曰:"赐也贤乎哉?夫我则不暇[2]。"

【今译】

子贡指责别人。孔子说:"赐呀,你就那么好吗?要叫我呀,可没有那种闲工夫〔指责别人〕。"

【注释】

〔1〕方:同"谤"。指责,说别人的坏处。一说,比长较短。句中的意思则是:子贡喜欢将人拿来做比较,评论其短长。

〔2〕不暇:没有空闲的时间。

14.30 子曰:"不患人之不己知[1],患其不能也。"

【今译】
孔子说:"不忧虑别人不知道自己〔有长处好处〕,只忧虑自己无能。"
【注释】
〔1〕患:忧虑,担心,怕。

14.31 子曰:"不逆诈[1],不亿不信[2],抑亦先觉者,是贤乎!"

【今译】
孔子说:"事前不预先怀疑别人欺诈,不主观猜测别人不诚实,〔但若遇上欺诈情伪的人〕却也能及早地发现察觉,这样的人该是贤人吧!"
【注释】
〔1〕逆:预先,预测。
〔2〕亿:同"臆"。主观推测,猜测。

14.32 微生亩谓孔子曰[1]:"丘,何为是栖栖者与[2]?无乃为佞乎[3]?"孔子曰:"非敢为佞也,疾固也。"

【今译】
微生亩对孔子说:"孔丘,你为什么做一个这样忙碌不安〔到处游说〕的人呢?岂不成了花言巧语的人吗?"孔子说:"我不敢花言巧语,而是厌恨那些固执的人。"
【注释】
〔1〕微生亩:姓微生,名亩。传说是一位年长的隐士。一作"尾生亩"。又说,即微生高。

〔2〕栖栖(xī 西):忙碌不安,到处奔波不安定的样子。
〔3〕佞:花言巧语,能言善辩,卖弄口才。

14.33 子曰:"骥不称其力[1],称其德也[2]。"

【今译】
　　孔子说:"千里马,值得称赞的不是它〔善跑〕的气力,称赞的是它的品质。"

【注释】
〔1〕骥(jì 计):古代称善跑的千里马。
〔2〕德:这里指千里马能吃苦耐劳的优良品质。

14.34 或曰:"以德报怨何如[1]?"子曰:"何以报德?以直报怨,以德报德。"

【今译】
　　有人说:"用恩德来报答仇怨,如何呢?"孔子说:"〔那么〕用什么来报答恩德呢?〔应该〕以公平无私来对待仇怨,用恩德来报答恩德。"

【注释】
〔1〕以德报怨:"德",恩惠,恩德。"怨",怨恨,仇怨。这话可能是当时的俗语。《老子》:"大小多少,报怨以德。"这是老子哲学中一种调和化解矛盾的思想。孔子对这种思想提出了批评。

14.35 子曰:"莫我知也夫[1]!"子贡曰:"何为其莫知子也[2]?"子曰:"不怨天,不尤人[3],下学而上达。知我者其天乎!"

【今译】

孔子说:"没有人了解我啊!"子贡说:"为什么会没有人了解您呢?"孔子说:"〔我〕不埋怨天,不责备人,下学人事,上达天命。了解我的大概只有天吧!"

【注释】

〔1〕莫我知:即"莫知我"的倒装。没有人知道、了解我。

〔2〕何为:为何。

〔3〕尤:责怪,归咎,怨恨。

14.36 公伯寮愬子路于季孙[1]。子服景伯以告[2],曰:"夫子固有惑志于公伯寮,吾力犹能肆诸市朝[3]。"子曰:"道之将行也与,命也;道之将废也与,命也。公伯寮其如命何?"

【今译】

公伯寮对季孙说子路的坏话。子服景伯把这事告知孔子,并说:"〔季孙〕老先生已经被公伯寮迷惑住了,我的力量还能〔设法把真相辨明,杀掉公伯寮〕把他的尸首摆到街市上去示众。"孔子说:"我的道能得到实行,是天命;我的道被废掉,也是天命。公伯寮能把天命怎么样?"

【注释】

〔1〕公伯寮:字子周。《史记·仲尼弟子列传》作"公伯僚"。一作"缭"。孔子的弟子。曾任季氏家臣。政治上的投机分子。愬(sù素):同"诉"。诬谤,告发,背后说人的坏话。

〔2〕子服景伯:姓子服,名何,字伯,"景"是死后谥号。鲁国大夫。

〔3〕肆:指处以死刑后陈尸示众。市朝:被处死的罪犯中,自士以下

的,陈尸于市集;自大夫以上的,陈尸于朝廷。

14.37 子曰:"贤者辟世[1],其次辟地,其次辟色,其次辟言。"子曰:"作者七人矣[2]。"

【今译】

孔子说:"贤人避开社会而隐居;其次是〔离开乱国〕避到别的地方去;再其次是避开别人难看的脸色;再其次是避开难听的恶言。"孔子〔又〕说:"这样做的已经有七人了。"

【注释】

〔1〕辟世:指不干预世事而隐居。"辟",同"避"。避开。

〔2〕七人:指传说中的七位贤人隐士。具体所指其说不一。有的说是:伯夷,叔齐,虞仲(太公),夷逸,朱张,柳下惠,少连。有的说是:长沮,桀溺,荷蓧(diào 钓,竹编的农具)丈人,石门守门者,荷蒉者,仪封人,楚狂接舆。不可确考。

14.38 子路宿于石门[1]。晨门曰:"奚自[2]?"子路曰:"自孔氏。"曰:"是知其不可而为之者与?"

【今译】

子路在石门住宿。早晨值班看守城门的人问:"你从哪里来?"子路说:"从孔氏那儿。"〔守城门的人〕说:"是那个明知做不成而偏要坚持去做的人吗?"

【注释】

〔1〕石门:鲁国都城(曲阜)外城的城门。一说,曲阜共有七个城门,南边的第二门就叫石门。孔子第二次周游列国,道不能行,于六十八岁时,结束了他十四年的游说生活,率弟子们回鲁国的老家。子路打前站,

14.42 子路问君子。子曰:"修己以敬。"曰:"如斯而已乎?"曰:"修己以安人[1]。"曰:"如斯而已乎?"曰:"修己以安百姓。修己以安百姓,尧舜其犹病诸[2]!"

【今译】
　　子路问怎样才是君子。孔子说:"修养自己,保持严肃恭敬的态度。"〔子路〕说:"像这样就够了吗?"〔孔子〕说:"修养自己,使贵族、大夫们安乐。"〔子路〕说:"像这样就够了吗?"〔孔子〕说:"修养自己,使全体百姓安乐。修养自己,使全体老百姓安乐,尧舜尚且担心做不到哩!"

【注释】
　　〔1〕人:与"己"相对。这里当指士大夫以上的贵族、上层人士。比下面的"百姓"所指范围要窄。
　　〔2〕病:担心,忧虑。

14.43 原壤夷俟[1]。子曰:"幼而不孙弟[2],长而无述焉[3],老而不死,是为贼[4]。"以杖叩其胫[5]。

【今译】
　　原壤左右伸腿叉开两只脚坐在地上等〔孔子〕。孔子说:"你年幼时不讲孝悌,长大了没有作为,老了还不死,简直是个害人的贼。"〔说着〕就用手杖敲了敲原壤的小腿〔让他把腿收回去〕。

【注释】
　　〔1〕原壤:鲁国人,据说是周文王第十六子原伯的后人,是孔子多年的老朋友。《礼记·檀弓》记载:原壤的母亲死了,孔子去帮助他治丧,他却站在棺材上大声歌唱。孔子假装没听见,不去理会。跟从的人看不下去了,就劝孔子别帮原壤料理丧事了。孔子认为,无论如何,亲总是亲,故

213

总是故,看在老朋友的分上,该帮他料理丧事,还要帮他料理。不过,孔子确也认为原壤是不礼不敬不近人情的。夷:指"箕踞",即屁股坐地,两条腿左右斜伸出去,叉开两只脚呈八字形。因像只簸箕故称。古人认为,以这种姿态坐在地上是一种轻慢无礼的表现。俟(sì 四):等待。

〔2〕孙:同"逊"。弟:同"悌"。

〔3〕长:长大,年长。无述:无作为,没成就,没贡献。

〔4〕"老而"句:这句话孔子是专对原壤一人而发,有恨铁不成钢的意思。"贼",指为害社会的坏人。后世有人断章取义,把这句话连起来说成"老而不死是为贼",误以为是孔子对老年人的一种侮骂。这显然与孔子本来的意思截然不同。

〔5〕胫(jìng 竞):小腿。

14.44 阙党童子将命[1]。或问子曰:"益者与?"子曰:"吾见其居于位也[2],见其与先生并行也[3]。非求益者也,欲速成者也。"

【今译】

阙党地方的一个儿童来向孔子传信。有人问孔子:"〔这儿童〕是要求上进的人吗?"孔子说:"我见他坐在成年人的位子上,又见他与长辈并肩而行。他不是要求上进的人,而是一个想急于求成的人。"

【注释】

〔1〕阙(què 确)党:鲁国地名,在今山东省曲阜市境内。一说,即"阙里",是孔子的家乡。将(jiāng 江)命:传达信息,传话。

〔2〕居于位:坐在席位上。按古代礼节,大人可以有正式的席位就坐,儿童没有席位。可是,这位童子却与大人一起坐在席位上,可见其不知礼。

〔3〕先生:这里是对年长者、长辈的尊称。

卫灵公篇第十五
（共四十二章）

主要记孔子及其弟子在周游列国时所论的以仁德治国的道理。

15.1 卫灵公问陈于孔子[1]。孔子对曰:"俎豆之事[2],则尝闻之矣[3];军旅之事,未之学也。"明日遂行[4]。

【今译】
卫灵公向孔子问军队怎样列阵。孔子回答说:"礼节仪式方面的事,我曾听说一些;军队作战方面的事,我没学过。"第二天,〔孔子〕就离开了卫国。

【注释】
〔1〕陈:同"阵"。军队作战布列阵势。
〔2〕俎豆之事:指礼节仪式方面的事。"俎(zǔ祖)",古代祭祀宴享,用以盛放牲肉的器具。"豆",古代盛食物的器具,似高脚盘。二者都是古代祭祀宴享用的礼器。
〔3〕尝:曾经。
〔4〕遂行:就走了。孔子主张礼治,反对使用武力。见卫灵公无道,而又有志于战伐,不能以仁义治天下,故而未答"军旅之事",第二天就离开了卫国。

15.2 在陈绝粮,从者病[1],莫能兴[2]。子路愠见曰[3]:"君子亦有穷乎?"子曰:"君子固穷[4],小人穷斯滥矣[5]。"

【今译】

〔孔子与弟子们〕在陈国某地断绝了粮食,随从的人饿坏了,不能起身行走。子路满脸恼怒,来见〔孔子〕说:"君子也有困厄的时候吗?"孔子说:"君子困厄时尚能安守,小人困厄了就不约束自己而胡作非为了。"

【注释】

〔1〕病:苦,困。这里指饿极了,饿坏了。

〔2〕兴:起来,起身。这里指行走。

〔3〕愠(yùn 运):恼怒,怨恨。

〔4〕固:安守,固守。

〔5〕滥:像水一样漫溢、泛滥。比喻人不能检点约束自己,什么事都干得出来。

15.3　子曰:"赐也[1],女以予为多学而识之者与[2]?"对曰:"然。非与?"曰:"非也,予一以贯之[3]。"

【今译】

孔子说:"端木赐呀,你以为我是学习了很多而又一一记住的吗?"〔端木赐〕回答说:"是的。不是这样吗?"〔孔子〕说:"不是的。我是用一个基本的思想观念来贯穿它们的。"

【注释】

〔1〕赐:端木赐,字子贡。

〔2〕女:同"汝"。你。

〔3〕以:用。一:一个基本的原则、思想。孔子这里指的是"忠恕"之

道。贯:贯穿,贯通。

15.4 子曰:"由,知德者鲜矣[1]。"

【今译】

孔子说:"仲由,懂得道德的人少啊。"

【注释】

〔1〕鲜(xiǎn险):少。因为道德必须由自身加强学习与修养,日积月累,长期努力,才能将其义理得之于心,见之于行,故孔子说"知德者鲜"。

15.5 子曰:"无为而治者[1],其舜也与?夫何为哉?恭己正南面而已矣[2]。"

【今译】

孔子说:"好像无所作为而使天下得到治理的,大概只有虞舜吧?他做了些什么呢?他只是恭敬郑重地脸朝南面〔坐着〕而已。"

【注释】

〔1〕无为而治:"无为",无所作为。据传,舜当政时,一切沿袭尧的旧法来治国,似乎没有什么新的改变和作为,而使天下太平。后泛指以德化民,无事于政刑。朱熹《四书集注》说:"圣人德盛而民化,不待其有所作为也。独称舜者,绍尧之后,而又得人以任众职,故尤不见有为之迹也。"

〔2〕南面:古代传统礼法,王位总是坐北朝南的。

15.6 子张问行,子曰:"言忠信,行笃敬,虽蛮貊之邦[1],行矣。言不忠信,行不笃敬,虽州里[2],行乎

哉?立则见其参于前也[3],在舆则见其倚于衡也[4],夫然后行。"子张书诸绅[5]。

【今译】

子张问〔自己的主张〕如何能行得通。孔子说:"说话忠诚守信,行为敦厚恭敬,即使在蛮貊地区,也行得通。说话不忠信,行为不笃敬,即使在本乡州里,能行得通吗?〔"忠信笃敬"这几个字〕站着,仿佛看见它直立在眼前;坐车,仿佛看见它依靠在车辕的横木上。这样做了以后就能行得通。"子张〔把孔子的话〕写在自己的衣带上。

【注释】

〔1〕蛮:南蛮,泛指南方边疆少数民族。貊(mò 墨):北狄,泛指北方边疆少数民族。

〔2〕州里:古代二千五百家为州。五家为邻,五邻为里。这里代指本乡本土。

〔3〕参:本意为直、高。这里引申为像一个高大的东西直立在眼前。

〔4〕舆(yú 余):车。倚:依靠在物体或人身上。衡:车辕前的横木。

〔5〕书诸绅:即"书之于绅"。"绅",系在腰间下垂的宽大的衣带。把警句、格言写在腰间的大带子上,一低头就能看到,从而时时提醒自己,指导自己的言行。这是古人一种加强自我修养的方法。

15.7 子曰:"直哉史鱼[1]!邦有道如矢,邦无道如矢。君子哉蘧伯玉[2]!邦有道则仕,邦无道则可卷而怀之。"

【今译】

孔子说:"史鱼真正直啊!国家有道,〔他的言行〕像〔射出的〕箭头一样刚直;国家无道,也像箭头一样刚直。蘧伯玉真是一位君子啊!国家有道时,出来做官;国家无道时,〔把正确主张〕收起来辞官隐居。"

【注释】

〔1〕史鱼:卫国大夫,名鳝(qiū 丘),字子鱼。他曾多次向卫灵公推荐贤臣蘧伯玉,未被采纳。史鱼病危临终时,嘱咐儿子,不要"治丧正堂",用这种做法再次劝告卫灵公一定要进用蘧伯玉,而贬斥奸臣弥子瑕。等卫灵公采纳实行之后,才"从丧北堂成礼"。史鱼这种正直的行为,被古人称为"尸谏"(事见《孔子家语》及《韩诗外传》)。

〔2〕蘧伯玉:参见《宪问篇第十四》第二十五章注。

15.8 子曰:"可与言而不与之言,失人;不可与言而与之言,失言。知者不失人[1],亦不失言。"

【今译】

孔子说:"可以与他说话却不与他说,就会失掉友人错过人才;不可与他说话却与他说,就是浪费言语。聪明人既不失掉友人错过人才,也不浪费言语。"

【注释】

〔1〕知:同"智"。智者,聪明人。

15.9 子曰:"志士仁人,无求生以害仁[1],有杀身以成仁[2]。"

【今译】

孔子说:"有志之士,仁义之人,不能为求得保住生命而损害仁,而应为做到仁献出生命。"

【注释】

〔1〕求生：贪生怕死，为保活命苟且偷生。

〔2〕杀身：勇于自我牺牲，为仁义当死而死，心安德全。

15.10 子贡问为仁，子曰："工欲善其事[1]，必先利其器[2]。居是邦也，事其大夫之贤者[3]，友其士之仁者。"

【今译】

子贡问怎样实行仁德。孔子说："工匠要把活儿干得好，必须先把工具弄得精良合用。〔要实行仁德，〕住在一个国家，就要事奉大夫中有贤德的人，与士中有仁德的人交朋友。"

【注释】

〔1〕善：用作动词。做好，干好，使其完善。

〔2〕利：用作动词。搞好，弄好，使其精良。

〔3〕事：事奉，为……服务。

15.11 颜渊问为邦[1]，子曰："行夏之时[2]，乘殷之辂[3]，服周之冕[4]，乐则《韶》《舞》[5]，放郑声[6]，远佞人[7]。郑声淫，佞人殆[8]。"

【今译】

颜渊问怎样建设国家。孔子说："遵行夏代的历法，驾乘殷代的车子，戴周代的礼帽，奏《韶乐》《舞乐》，禁止郑国的乐曲，疏远花言巧语善于狡辩的小人。郑国的乐曲不正派，花言巧语的小人危险。"

【注释】

〔1〕为:建设,治理。邦:邦国,诸侯国。

〔2〕夏之时:"时",时令,时节。此指历法。夏之时,就是沿用至今的夏历(又称阴历,农历)。周历建子(以夏历十一月为正月),殷历建丑(以夏历十二月为正月),夏历建寅(以建寅之月的朔日为岁首),而夏历最合于农时,有利于农业生产,故孔子主张推行夏历。

〔3〕乘殷之辂:"辂(lù 路)",古代的大车。旧说殷代的大车木质而无饰,最俭朴实用,故孔子提倡"乘殷之辂"。

〔4〕服周之冕:"冕",礼帽。旧说周代的礼帽体制完备而华美,而孔子是一向提倡礼服应讲究、华美的,故说要"服周之冕"。

〔5〕韶:舜时音乐。舞:同《武》。周武王时音乐。参阅《八佾篇第三》第二十五章注。

〔6〕放:驱逐,排斥,禁止。郑声:郑国的民间音乐。郑国民间音乐形式活泼,与典雅板滞的古乐有很大不同。孔子难以接受,认为它多靡靡之音,故主张"放郑声"。

〔7〕远:作动词用。疏远。

〔8〕殆:危险。

15.12 子曰:"人无远虑,必有近忧〔1〕。"

【今译】

孔子说:"人没有对将来的考虑,必定会有近在眼前的忧患。"

【注释】

〔1〕远,近:指时间。犹言未来,目前。一说,指地方。朱熹说:"人之所履者,容足之外,皆为无用之地,而不可废也。故虑不在千里之外,则患在几席之下矣。"

15.13 子曰:"已矣乎,吾未见好德如好色者也[1]。"

【今译】

孔子说:"罢了啊,我没见过爱慕德行像爱慕美色〔那样热切〕的人。"

【注释】

〔1〕本章文字与《子罕篇第九》第十八章略同,可参阅。

15.14 子曰:"臧文仲其窃位者与[1]?知柳下惠之贤[2],而不与立也[3]。"

【今译】

孔子说:"臧文仲大概是个窃据官位的人吧?明知柳下惠是贤人,却不给他官位。"

【注释】

〔1〕臧文仲:即臧孙辰。鲁国大夫,历仕鲁庄公、鲁闵公、鲁僖公、鲁文公四朝。知贤而不举,故孔子批评他"不仁"、"窃位"。参见《公冶长篇第五》第十八章注。窃位:窃据高位,占有官位而不称职、不尽责。

〔2〕柳下惠:本姓展,名获,字禽,又名展季。他的封地(一说是居处)叫"柳下";死后,由他的妻子倡议,给他的"私谥"(并非由朝廷授予的谥号)叫"惠",故称"柳下惠"。春秋中期的贤者,鲁国大夫,曾任"士师"(掌管刑狱的官员)。以讲究礼节而著称。

〔3〕与立:即"与之并立于朝",给予官位。一说,"立"同"位"。"与立",即"与位"。

15.15 子曰:"躬自厚而薄责于人[1],则远怨矣[2]。"

【今译】

孔子说:"自己多责备自己而少责备别人,就可以避开怨恨了。"

【注释】

〔1〕躬自厚:意为责己要重,应多多反省责备自己。"躬",自身。"厚",这里指厚责,重责。薄责于人:意为待人要宽,要行恕道,少挑剔责备别人。"薄责",轻责,少责备。

〔2〕远:远离,避开。

15.16 子曰:"不曰'如之何,如之何'者[1],吾末如之何而已矣[2]。"

【今译】

孔子说:"不说'怎么办,怎么办'的人,我〔对这种人〕也没办法啊。"

【注释】

〔1〕如之何:犹言怎么办。孔子这里的意思是:做事一定要经过深思熟虑,多问几个"该怎么办"。因为只有深忧远虑的人,才能真正想出解决问题的好办法。

〔2〕末如之何:犹言没办法。"末",没。

15.17 子曰:"群居终日,言不及义,好行小慧,难矣哉!"

【今译】

孔子说:"众人整天聚在一处,说的话从不涉及义理,还好卖弄一点小聪明,〔对这种人〕真难〔教育〕啊!"

15.18 子曰:"君子义以为质[1],礼以行之,孙以出之[2],信以成之。君子哉!"

【今译】
孔子说:"君子以义为根本,以礼法来实行〔义〕,以谦逊的语言来表达〔义〕,以忠诚的态度来完成〔义〕,这就是君子啊!"

【注释】
〔1〕质:本意为本质、质地。引申为基本原则,根本。
〔2〕孙:同"逊"。出:出言,表达。

15.19 子曰:"君子病无能焉[1],不病人之不己知也。"

【今译】
孔子说:"君子只忧虑〔自己〕没有才能,不忧虑别人不知道自己。"

【注释】
〔1〕病:担心,忧虑。

15.20 子曰:"君子疾没世而名不称焉[1]。"

【今译】
孔子说:"君子就怕死后没有〔好的〕名声被人称颂。"

【注释】
〔1〕疾:恨,怕,感到遗憾。没世:终身,死。称:称述,称道。

15.21 子曰:"君子求诸己[1],小人求诸人。"

【今译】

孔子说:"君子要求自己,小人要求别人。"

【注释】

〔1〕求:要求。一说,求助,求得。则此章意为:君子一切求之于自己,小人一切求之于他人。

15.22 子曰:"君子矜而不争[1],群而不党[2]。"

【今译】

孔子说:"君子庄重矜持而不同别人争执,合群而不结党营私。"

【注释】

〔1〕矜(jīn今):庄重,矜持,慎重拘谨。
〔2〕党:结党营私,拉帮结伙,搞小宗派。

15.23 子曰:"君子不以言举人,不以人废言。"

【今译】

孔子说:"君子不仅根据言论推举选拔人才,也不因某人有缺点错误而废弃他的言论。"

15.24 子贡问曰:"有一言而可以终身行之者乎?"子曰:"其'恕'乎!己所不欲,勿施于人。"

【今译】

子贡问道:"有一个字而可以终身奉行的吗?"孔子说:"那

就是'恕'吧！自己不愿意的，不要加给别人。"

15.25 子曰："吾之于人也，谁毁谁誉[1]？如有所誉者，其有所试矣。斯民也，三代之所以直道而行也[2]。"

【今译】
孔子说："我对于别人，诋毁过谁？赞誉过谁？如有所赞誉，那是经过实践考验过的。夏商周三代如此〔大公无私地〕用民，所以能按正直之道行事。"

【注释】
〔1〕毁：诋毁。指称人之恶而失其真。誉：赞誉，溢美。指扬人之善而过其实。

〔2〕"斯民也"句："斯"，此，如此。"民"，指用民。"三代"，指夏、商、周。此句是说如此用民，无所偏私，这就是三代能按正直之道行事的原因。

15.26 子曰："吾犹及史之阙文也[1]，有马者借人乘之[2]。今亡矣夫。"

【今译】
孔子说："〔早年〕我还能看到史官存疑的阙文，有马的人把马借给别人骑。〔这些〕今天没有了啊。"

【注释】
〔1〕史之阙文："阙"，同"缺"。指缺疑，存疑。史官记载历史，对于有疑问（缺乏确凿根据）的事，缺而不录，抱存疑态度，故有"阙文"。一说，写史的书吏，遇到可疑的字，存疑待问，宁可把缺少的字空起来，也不创造新字，不妄以己意另写别的字来代替。

〔2〕借:借出,把自己的东西暂时给别人使用。句意为:有马的人不敢自私,而愿借给别人骑。一说,"借",借助。句意为:有马的人,不会驾驭(训练)自己的马,而借助善驯马的人来调习训练。"史阙文"与"马借人"这两句话,看来意义不够连贯。有的学者推测"有马者"句可能是衍文;也有的学者认为,这两件事均说明古人淳厚朴实,与孔子时的人情浇薄不同,故孔子伤叹。可参。

15.27 子曰:"巧言乱德。小不忍则乱大谋。"

【今译】

孔子说:"花言巧语会败坏道德。小事上不能忍耐就会坏了大事。"

15.28 子曰:"众恶之,必察焉;众好之,必察焉。"

【今译】

孔子说:"众人都厌恶他,一定要仔细考察详情原因;众人都喜欢他,一定要仔细考察详情原因。"

15.29 子曰:"人能弘道[1],非道弘人。"

【今译】

孔子说:"人能够弘扬道,不是道能弘扬人。"

【注释】

〔1〕弘(hóng 红):弘扬,光大。

15.30 子曰:"过而不改[1],是谓过矣。"

【今译】

孔子说:"有过错而不改,这才真叫做过错呢。"

【注释】

〔1〕改:改正,纠正。孔子主张:过而能改,复于无过。有些人犯错误,起初是无心的,只要能改,就没有错了;如坚持不肯改正,那才是真正的错误。

15.31　子曰:"吾尝终日不食,终夜不寝,以思,无益,不如学也。"

【今译】

孔子说:"我曾经整天的不吃饭,整夜的不睡觉,去冥思苦想,〔结果〕没有什么益处,还不如去学习呢。"

15.32　子曰:"君子谋道不谋食。耕也,馁在其中矣〔1〕;学也,禄在其中矣〔2〕。君子忧道不忧贫。"

【今译】

孔子说:"君子谋求学道行道,不谋求衣食。耕田,未必不挨饿;学习知识,则可以获得俸禄。君子担忧道〔学不成或不能行〕,不担忧贫穷。"

【注释】

〔1〕馁:饥饿。
〔2〕禄:做官的俸禄。

15.33　子曰:"知及之〔1〕,仁不能守之,虽得之,必失之。知及之,仁能守之,不庄以莅之[2],则民不敬。知及之,仁能守之,庄以莅之,动之不以礼[3],未善也。"

【今译】

孔子说:"依靠聪明才智得到的〔职位、政权〕,〔如果〕不能用仁德去守住它,虽然得到,也必定会失去它。依靠聪明才智得到的,能够用仁德去守住它,〔但如〕不用庄重严肃的态度去认真治理百姓,百姓也不会敬服。依靠聪明才智得到的,能用仁德去守住它,又能用庄重严肃的态度去认真对待,〔但是〕行动不符合礼义,也不能算是完善的。"

【注释】

〔1〕知:同"智"。聪明,才智。

〔2〕莅(lì立):到,临。这里指临民,即掌握政权,治理百姓。

〔3〕动之:"动",行动。"之",语助词,无义。孔子认为,治理天下,智、仁、庄、礼,四者缺一不可,只用智,其失在荡;只用仁,其失在宽;只用庄,其失在猛;所以必须用礼来调和。

15.34 子曰:"君子不可小知而可大受也[1],小人不可大受而可小知也。"

【今译】

孔子说:"对君子,不可让他只做小事情,而可让他接受重大任务;对小人,不可让他接受重大任务,而可让他做些小事情。"

【注释】

〔1〕小知:"知",主持,主管。小知,即任用做小事情,管小范围内的具体事务。一说,"知",了解,识别。小知,即从小处、从任用做小事情上,

去了解、识别。

15.35 子曰："民之于仁也,甚于水火,水火吾见蹈而死者矣,未见蹈仁而死者也[1]。"

【今译】

孔子说："人民对于仁德,比对水火更急切需要;〔但是〕我见过溺水蹈火而死的,却没见过实践仁德而死的。"

【注释】

〔1〕蹈(dǎo 岛):踏,踩,投入。引申为追求,实行,实践。朱熹《四书集注》说:"民之于水火,所赖以生,不可一日无。其于仁也亦然。但水火外物,而仁在己。无水火,不过害人之身,而不仁则失其心。是仁有甚于水火,而尤不可以一日无者也。况水火或有时而杀人,仁则未尝杀人,亦何惮而不为哉?"可见本章精神在于"勉人为仁"。

15.36 子曰："当仁不让于师。"

【今译】

孔子说："面对着合于仁德的事,即使对老师,也不必谦让。"

15.37 子曰："君子贞而不谅[1]。"

【今译】

孔子说："君子坚定执着于正道,而不固执拘泥于讲小信。"

【注释】

〔1〕贞:正,固守正道,恪守节操。谅:信,守信用,固执。本章与孔子所说"言不必信,行不必果"同一意思。可参阅《子路篇第十三》第二十章。

15.38 子曰:"事君,敬其事而后其食[1]。"

【今译】
　　孔子说:"事奉君主,要恭敬谨慎地办事,而把领取俸禄的事往后放。"
【注释】
　　〔1〕食:食禄,俸禄,官吏的薪水。

15.39 子曰:"有教无类[1]。"

【今译】
　　孔子说:"对谁都进行教育,不分〔贫富、智愚的〕类别。"
【注释】
　　〔1〕无类:不分类,没有富贵贫贱、天资优劣智愚、等级地位高低、地域远近、善恶不同等等的区别与限制。孔子提倡全民教育,希望教育所有的人而同归于善。他的弟子中,富有的(如冉有,子贡),贫穷的(如颜回,原思),地位高的(如孟懿子为鲁国贵族),地位低的(如子路为卞之野人),鲁钝一点的(如曾参),愚笨一点的(如高柴),各种人都有。

15.40 子曰:"道不同[1],不相为谋。"

【今译】
　　孔子说:"主张不同,不能互相谋划商讨。"
【注释】
　　〔1〕道:道路,主张,所追求的目标。

231

15.41 子曰:"辞达而已矣。"

【今译】

孔子说:"言辞足以表达意思就行了。"

15.42 师冕见[1],及阶,子曰:"阶也。"及席,子曰:"席也。"皆坐,子告之曰:"某在斯,某在斯。"师冕出,子张问曰:"与师言之道与?"子曰:"然,固相师之道也[2]。"

【今译】

师冕来见孔子,走到台阶边,孔子说:"这是台阶。"走到坐席边,孔子说:"这是坐席。"大家都坐下后,孔子告诉他说:"某人在这里,某人在那里。"师冕走了以后,子张问:"这就是与乐师讲话的方式方法吗?"孔子说:"是的,诚然是帮助乐师的方式方法。"

【注释】

〔1〕师:指乐师。一般是盲人。冕:盲人乐师的名字。

〔2〕相:帮助,辅助。

季氏篇第十六
（共十四章）

主要记孔子论君子怎样修身、如何以礼法治国。

16.1 季氏将伐颛臾[1]。冉有、季路见于孔子曰[2]："季氏将有事于颛臾[3]。"孔子曰："求，无乃尔是过与[4]？夫颛臾，昔者先王以为东蒙主[5]，且在邦域之中矣，是社稷之臣也[6]。何以伐为[7]？"冉有曰："夫子欲之[8]，吾二臣者皆不欲也。"孔子曰："求！周任有言曰[9]：'陈力就列[10]，不能者止。'危而不持，颠而不扶，则将焉用彼相矣[11]？且尔言过矣。虎兕出于柙[12]，龟玉毁于椟中[13]，是谁之过与？"冉有曰："今夫颛臾，固而近于费[14]。今不取，后世必为子孙忧。"孔子曰："求！君子疾夫舍曰欲之而必为之辞[15]。丘也闻有国有家者，不患贫而患不均，不患寡而患不安[16]。盖均无贫，和无寡，安无倾。夫如是，故远人不服，则修文德以来之[17]。既来之，则安之。今由与求也，相夫子，远人不服，而不能来也；邦分崩离析[18]，而不能守也；而谋动干戈于邦内。吾恐季孙之忧，不在颛臾，而在萧墙之内也[19]。"

233

【今译】

　　季氏将要讨伐颛臾。冉有、子路去见孔子，说："季氏将对颛臾采取军事行动。"孔子说："冉求！这难道不该归咎于你吗？颛臾，过去周天子曾经授权它主持东蒙山的祭祀，而且就在鲁国的疆域之中，是我们鲁国共安危的臣属，为什么要讨伐它呢？"冉有说："季孙大夫想这么做，我们二人作为家臣，都不想这么做。"孔子说："冉求！周任曾有句话说：'能够施展自己的才力，就担任职务；实在做不到，就该辞职。'〔比如盲人〕遇到危险却不扶持拉住他，摔倒了却不搀扶他起来，那么，用你这助手做什么呢？而且你的话错了。老虎、犀牛从关它的笼子里跑了出来，占卜用的龟甲、祭祀用的玉器在木匣中被毁坏了，这是谁的过错呢？"冉有说："如今颛臾城墙坚固，而且离费邑很近。现在不占领它，后世必然成为子孙的祸患。"孔子说："冉求！君子厌恶那种嘴上不说'想得到它'，一定要找个借口的人。我听说过，对于拥有国家的诸侯和拥有采邑的大夫，担心的不是贫穷，而是分配不均；担心的不是人少，而是社会不安定。因为财富分配均匀了，就无所谓贫穷；国内和睦团结了，就不显得人少势弱；社会安定了，国家就没有倾覆的危险。要是这样做了，远方的人还不归服，便提倡仁义礼乐道德教化，以招徕他们。〔远方的人〕已经来了，就使他安心住下来。现在仲由、冉求你们二人辅佐季康子，远处的人不归服，而不能招徕他们；国家四分五裂，而不能保全；反而打算在国境之内使用武力。我只怕季孙氏的忧患，不在颛臾，而在于宫殿的门屏之内呢。"

【注释】

　　〔1〕季氏：即季孙氏，指季康子，名肥。鲁国大夫。颛臾(zhuān yú专鱼)：附属于鲁国的一个小国，子爵。故城在今山东省费县西北八十里。

　　〔2〕冉有，季路：孔子弟子。冉有即冉求，字子有，也称冉有。季路

即仲由,字子路,因仕于季氏,又称季路。

〔3〕有事:这里指施加武力,采取军事行动。

〔4〕无乃:岂不是,恐怕是,难道不是。

〔5〕先王:鲁国的始祖周公(姬旦),系周武王(姬发)之弟,故这里称周天子为先王。东蒙主:谓主祭东蒙山。"东蒙",即蒙山。因在鲁国东部,故称东蒙。在今山东省蒙阴县南四十里,与费县连接。"主",主持祭祀。

〔6〕社稷之臣:国家的重臣。

〔7〕何以伐为:"何以",以何,为什么。"为",语气助词。相当于"呢"。为什么要讨伐他呢?

〔8〕夫子:古时对老师、长者、尊贵者的尊称。这里指季康子。

〔9〕周任:周朝有名的史官。

〔10〕陈力:发挥、尽量施展自己的才力。就列:走上当官的行列,担任职务。

〔11〕相:辅佐,帮助。古代扶引盲人的人叫"相"。引申为助手。

〔12〕兕(sì 四):古代犀牛类的野兽。或说即雌犀牛。柙(xiá 侠):关猛兽的木笼子。

〔13〕椟(dú 毒):木制的柜子,匣子。

〔14〕费(bì 毕):季氏的采邑。在今山东省费县西南,有费城。颛臾与费邑相距仅七十里,故说"近于费"。

〔15〕疾:厌恶,痛恨。辞:托辞,借口。

〔16〕"不患贫"句:原为"不患寡而患不均,不患贫而患不安",清代俞樾《群经平议》以为"寡"当作"贫","贫"当作"寡"。《春秋繁露·度制》和《魏书·张普惠传》引此文,都是"不患贫而患不均,不患寡而患不安"。据改。朱熹说:"均,谓各得其分;安,谓上下相安。"

〔17〕来:通"徕"。招徕,吸引,使其感化归服。

〔18〕分崩离析:"崩",倒塌。"析",分开。形容集团、国家等分裂瓦解,不可收拾。当时鲁国不统一,四分五裂,被季孙、孟孙、叔孙三大贵族所分割。

〔19〕萧墙之内:"萧墙",宫殿当门的小墙,或称"屏"。古代臣子进见国君,至屏而肃然起敬,故称"萧墙"。"萧"、"肃"古字通。这里用"萧墙",借指宫内。当时鲁国的国君鲁哀公名义上在位,实际上政权被季康子把持;这样发展下去,一旦鲁君不能容忍,必起内乱。故孔子含蓄地说了这话。

16.2 孔子曰:"天下有道,则礼乐征伐自天子出;天下无道,则礼乐征伐自诸侯出。自诸侯出,盖十世希不失矣[1];自大夫出,五世希不失矣;陪臣执国命[2],三世希不失矣。天下有道,则政不在大夫。天下有道,则庶人不议。"

【今译】

孔子说:"天下有道,制礼作乐,军事征伐,由天子作决定;天下无道,制礼作乐,军事征伐,由诸侯作决定。由诸侯作决定,大概传十代就很少有不丧失政权的;由大夫作决定,传五代就很少有不丧失政权的;由卿、大夫的家臣来掌握国家的命运,传上三代就很少有不丧失政权的。天下有道,国家政权不会落在大夫手里。天下有道,黎民百姓就不议论朝政了。"

【注释】

〔1〕"十世"句:"世",代。"十世",即十代。朱熹说:"先王之制,诸侯不得变礼乐,专征伐。""逆理愈甚,则其失之愈速。"因为天下无道,天子无实权,才会形成"礼乐征伐自诸侯出"的局面;再混乱,就会到"自大夫出"、"陪臣执国命"的地步。这样的政权当然不会巩固。"十世"及后面的"五世"、"三世"均为约数,只是说明逆理愈甚,则失之愈速。这也是孔子对当时各国政权变动实况进行观察研究而得出的结论。希:同"稀"。少有。

〔2〕陪臣:卿、大夫的家臣。

〔2〕隐：隐瞒，有意缄默。

〔3〕瞽（gǔ古）：双目失明，盲人。这里比喻不能察言观色，说话不看时机就如盲人一样。

16.7 孔子曰："君子有三戒：少之时，血气未定[1]，戒之在色；及其壮也，血气方刚，戒之在斗；及其老也，血气既衰，戒之在得[2]。"

【今译】

孔子说："君子有三件事要警惕戒备：年轻时，血气还不成熟，要警惕贪恋女色；到了壮年时，血气正旺盛，要警惕争强好斗；到了老年时，血气已经衰弱，要警惕贪得无厌。"

【注释】

〔1〕未定：未成熟，未固定。

〔2〕得：泛指对于名誉、地位、钱财、女色等等的贪欲、贪求。

16.8 子曰："君子有三畏[1]：畏天命，畏大人[2]，畏圣人之言。小人不知天命而不畏也，狎大人[3]，侮圣人之言。"

【今译】

孔子说："君子有三畏：敬畏天命，敬畏在高位的人，敬畏圣人的话。小人不知天命而不畏，不尊重在上位的人，蔑视圣人的话。"

【注释】

〔1〕畏：怕。这里指心存敬畏，敬服。要时时处处注意修身诚己，有敬慎之心。

239

〔2〕大人：在高位的贵族、官僚。

〔3〕狎（xiá侠）：狎侮，轻慢，不尊重。

16.9 孔子曰："生而知之者，上也；学而知之者，次也；困而学之，又其次也；困而不学，民斯为下矣。"

【今译】

孔子说："生来就有知识，是上等；经过学习而有知识是次一等；遇到困难然后学习，是再次一等；遇到困难还不学习，这样的百姓就是下等了。"

16.10 孔子曰："君子有九思：视思明，听思聪，色思温，貌思恭，言思忠，事思敬，疑思问，忿思难〔1〕，见得思义。"

【今译】

孔子说："君子在九个方面多用心考虑：看，考虑是否看得清楚；听，考虑是否听得明白；脸色，考虑是否温和；态度，考虑是否庄重恭敬；说话，考虑是否忠诚老实；做事，考虑是否认真谨慎；有疑难，考虑应该询问请教别人；发火发怒，考虑是否会产生后患；见到财利，考虑是否合于仁义。"

【注释】

〔1〕难（nàn南去声）：这里指发怒可能带来的灾难、留下的后患。

16.11 孔子曰："见善如不及，见不善如探汤〔1〕。吾见其人矣，吾闻其语矣。隐居以求其志，行义以达其道〔2〕。吾闻其语矣，未见其人也。"

【今译】

孔子说:"看见善的〔就努力追求〕,如同怕自己赶不上似的;看见邪恶,如同把手伸进开水〔要赶快避开〕。我见过这种人,我听过这种话。以隐居来求得保全自己的志向,以实行仁义来贯彻自己的主张。我听过这种话,没见过这种人。"

【注释】

〔1〕探汤:"汤",开水,热水。把手伸到滚烫的水里。指要赶紧躲避开。

〔2〕达:达到,全面贯彻。

16.12 齐景公有马千驷[1],死之日,民无德而称焉。伯夷、叔齐饿于首阳之下[2],民到于今称之。(诚不以富,亦只以异。)[3]其斯之谓与。

【今译】

齐景公有四千匹马,死的时候,人民认为他没有什么美德可称颂。伯夷、叔齐饿死在首阳山下,但人民到现在还称颂他们。(这实在不是因为富或不富,也只是因为品德行为的不同。)说的就是这个意思吧。

【注释】

〔1〕千驷:古代一辆车套四匹马,驷就是四匹马的统称。千驷就是四千匹马。作为诸侯而有马千驷,在当时是豪侈而越制的。

〔2〕首阳:首阳山。又称雷首山,独领山。在今山西省运城(一说永济)县南,为当年伯夷叔齐采薇隐居处。南山有古冢,松柏茂盛,传说即伯夷叔齐的墓。关于伯夷、叔齐,已见前《公冶长篇第五》第二十三章注,可参阅。

〔3〕"诚不"句:这两句原在《颜渊篇第十二》第十章中。有人说应加

在这里,与后句"其斯之谓与"衔接。姑按前人之说,加括号补入。注详见《颜渊篇第十二》。

16.13 陈亢问于伯鱼曰[1]:"子亦有异闻乎?"对曰:"未也。尝独立,鲤趋而过庭[2]。曰:'学《诗》乎?'对曰:'未也。''不学《诗》无以言。'鲤退而学《诗》。他日,又独立,鲤趋而过庭。曰:'学礼乎?'对曰:'未也。''不学礼,无以立。'鲤退而学礼。闻斯二者。"陈亢退而喜曰:"问一得三,闻《诗》,闻礼,又闻君子之远其子也[3]。"

【今译】

陈亢问伯鱼:"您〔从老师那里〕听到过什么特别不同的教导吗?"〔伯鱼〕回答:"没有。有一天,〔我父亲〕一个人站在那里,我快步经过庭院。〔父亲〕问:'学过《诗经》吗?'〔我〕回答:'没有。'〔父亲说:〕'不学《诗经》,〔在社会交往中〕就不会说话。'我回去就学《诗经》。又一天,〔父亲〕又一个人站在那里,我快步经过庭院。〔父亲〕问:'学过礼吗?'〔我〕回答:'没有。'〔父亲说:〕'不学礼,〔在社会上做人做事〕不能立足。'我回去就学礼。〔我〕只听说过这两件事。"陈亢回去高兴地说:"问了一件事,得到三个收获:听到学《诗经》的意义,听到学礼的好处,又听到君子并不偏向自己的儿子。"

【注释】

〔1〕陈亢:字子禽。参阅《学而篇第一》第十章注。伯鱼:孔子的儿子,名鲤,字伯鱼。

〔2〕趋:小步快速而行,以示恭敬。

〔3〕远:远离,避开,不亲近。这里指对自己的儿子不偏向,没有偏

爱,没有特殊照顾和过分关照。

16.14 邦君之妻[1],君称之曰夫人,夫人自称曰小童[2];邦人称之曰君夫人,称诸异邦曰寡小君[3];异邦人称之亦曰君夫人。

【今译】

　　国君的妻子,国君称她为"夫人",夫人自己〔谦〕称"小童";国内的人称她为"君夫人",在其他国家的人面前〔谦〕称她为"寡小君";其他国家的人也称呼她"君夫人"。

【注释】

　　〔1〕邦君:指诸侯国的国君。
　　〔2〕小童:谦称。犹说自己无知如童子。
　　〔3〕诸:"之于"的合音。

阳货篇第十七
（共二十六章）

主要记孔子教育弟子讲究仁德，阐发以礼乐治国的道理。

17.1 阳货欲见孔子[1]，孔子不见，归孔子豚[2]。孔子时其亡也[3]，而往拜之。遇诸涂[4]。谓孔子曰："来！予与尔言。"曰："怀其宝而迷其邦[5]，可谓仁乎？"曰："不可。""好从事而亟失时[6]，可谓知乎[7]？"曰："不可。""日月逝矣，岁不我与[8]。"孔子曰："诺，吾将仕矣。"

【今译】

阳货想让孔子去拜见他，孔子不去见，他便赠送给孔子一只〔蒸熟的〕小猪。孔子暗中打听到阳货不在家，才去回拜他。两人却在途中遇见了。阳货对孔子说："过来！我有话对你说。"〔孔子近前，阳货〕说："把自己的宝物藏在怀里，而听任国家迷乱，这样做可以称为仁吗？"〔孔子〕说："不可以。"〔阳货又说：〕"喜欢参与政事而又屡次错过机会，可以称为智吗？"〔孔子〕说："不可以。"〔阳货又说：〕"时间消逝了，年岁是不等待人的。"孔子说："好吧，我将要去做官了。"

【注释】

〔1〕阳货：又名阳虎、杨虎。鲁国季氏的家臣。曾一度掌握了季氏

一家的大权,甚而掌握了鲁国的大权,是孔子说的"陪臣执国命"的人物。阳货为了发展自己的势力,极力想拉孔子给他做事。但孔子不愿随附于阳货,故采取设法回避的态度。后阳货因企图消除三桓未成而逃往国外,孔子最终也未仕于阳货。

〔２〕归:同"馈"。赠送。豚(tún 屯):小猪。这里指蒸熟了的小猪。按照当时的礼节,地位高的人赠送礼物给地位低的人,受赠者如果不在家,没能当面接受,事后应当回拜。因为孔子一直不愿见阳货,阳货就用这种办法,想以礼节来逼迫孔子去回拜。

〔３〕时:同"伺"。意指窥伺,暗中打听,探听消息。亡:同"无"。这里指不在家。

〔４〕涂:同"途"。途中,半道上。

〔５〕迷其邦:听任国家迷乱,政局动荡不安。

〔６〕亟(qì 气):副词。屡次。

〔７〕知:同"智"。

〔８〕岁不我与:即"岁不与我",年岁不等待我。"与",在一起。这里有等待意。

17.2 子曰:"性相近也〔１〕,习相远也〔２〕。"

【今译】

孔子说:"人的本性是相近的,由于环境影响的不同才相距甚远了。"

【注释】

〔１〕性:人的本性,性情,先天的智力、气质。

〔２〕习相远:指由于社会影响,所受教育不同,习俗、习气的沾染有别,人的后天的行为习惯会有很大差异。这里孔子是勉励人为学,通过学习提高自己的修养。

17.3 子曰:"唯上知与下愚不移〔１〕。"

【今译】

孔子说:"只有最上等的有智慧的人和最下等的愚笨的人是不可改变的。"

【注释】

〔1〕知:同"智"。不移:不可移易、改变。

17.4 子之武城〔1〕,闻弦歌之声。夫子莞尔而笑〔2〕,曰:"割鸡焉用牛刀?"子游对曰:"昔者偃也闻诸夫子曰〔3〕:'君子学道则爱人,小人学道则易使也。'"子曰:"二三子,偃之言是也。前言戏之耳〔4〕。"

【今译】

孔子到了武城,听见弹琴唱歌的声音。孔子微笑,说:"杀鸡何必用宰牛的刀呢?"子游接过话茬说:"过去我听老师说:'在上位的人学了道,就能惠爱百姓;一般老百姓学了道,就容易役使了。'"孔子〔对随从的弟子〕说:"诸位,言偃说的话是对的。〔我〕刚才说的话不过是开玩笑罢了。"

【注释】

〔1〕武城:鲁国的一个小城邑。在今山东省嘉祥县境。一说,指南武城,在今山东省费县西南。公元前554年,鲁襄公筑武城以御齐。另说,即城武县,在今山东省菏泽市西北七十里,有弦歌里。当时,言偃(子游)任武城行政长官。

〔2〕莞(wǎn 晚)尔:微笑的样子。

〔3〕诸:"之于"的合音。

〔4〕戏:开玩笑,逗趣。

17.5 公山弗扰以费畔[1],召,子欲往。子路不说,曰:"末之也已[2],何必公山氏之之也[3]?"子曰:"夫召我者,而岂徒哉？如有用我者,吾其为东周乎[4]!"

【今译】

公山弗扰据费邑叛乱,召请〔孔子〕,孔子想去。子路很不高兴,说:"没有可去的地方就算了,何必非去公山氏那里呢?"孔子说:"召我去的人,难道会让我白去吗?如果有人用我,我就要在东方复兴周公之道啊!"

【注释】

〔1〕公山弗扰：疑即《左传》定公五年、八年、十二年及哀公八年提到的公山不狃(niǔ 扭)。季氏家臣,后据费邑叛季氏,失败后逃亡齐国,又奔吴。畔：同"叛"。

〔2〕末之也已：没有可去的地方就算了。"末",没有。"之",去,往。"已",止,算了。

〔3〕"何必"句：何必非去公山氏那个地方呢？句中第一个"之"是助词,起把宾语提前的语法作用。第二个"之"是动词,去,往。

〔4〕"吾其"句：孔子此句意为：将要在东方建立起一个西周式的社会,使文王武王之道重现于东方。关于此章所说孔子拟应公山弗扰之召事,许多学者提出质疑：一、《左传·定公十二年》记公山不狃叛鲁之事,并无召请孔子的记载,且当时孔子正任鲁国司寇,还派兵打败了公山不狃。二、依本章所记,孔子显有"助叛"之嫌,这与孔子的一贯主张不符。史实究竟如何,已不可确考。

17.6 子张问仁于孔子。孔子曰:"能行五者于天下,为仁矣。""请问之。"曰:"恭,宽,信,敏,惠。恭则不侮,宽则得众,信则人任焉,敏则有功,惠则足以使人。"

【今译】

子张向孔子问怎样做到仁。孔子说:"能在天下实行这五项,就是仁了。"〔子张说:〕"请问哪五项?"〔孔子〕说:"庄重,宽厚,守信,勤敏,慈惠。恭敬庄重,就不会受到侮慢;宽厚,就能获得众人拥护;守信,就能得到别人的任用;勤敏,就能取得成功;慈惠,就能更好地役使别人。"

17.7 佛肸召[1],子欲往。子路曰:"昔者由也闻诸夫子曰:'亲于其身为不善者,君子不入也。'佛肸以中牟畔[2],子之往也,如之何?"子曰:"然,有是言也。不曰坚乎,磨而不磷[3]?不曰白乎,涅而不缁[4]?吾岂匏瓜也哉[5]?焉能系而不食?"

【今译】

佛肸召请,孔子想去。子路说:"从前我听老师说过:'亲身做坏事的人那里,君子是不去的。'佛肸据中牟叛乱,您要去,为什么?"孔子说:"是的,我说过这话。〔但是〕不是说坚硬的东西,磨也磨不薄吗?不是说洁白的东西,染也染不黑吗?我难道是个匏瓜吗?怎么能只挂在那里而不给人吃呢?"

【注释】

〔1〕佛肸(bì xī 毕西):晋国大夫范中行的家臣,是中牟城的行政长官。公元前490年,晋国赵简子攻打范氏,包围中牟,佛肸抵抗。佛肸召请孔子,就在这时(事见《左传·哀公五年》)。

〔2〕中牟:晋国地名,约在今河北省邢台市和邯郸市之间。一说,在今河南省鹤壁市西,古代牟山之侧。畔:同"叛"。

〔3〕磷(lìn 吝):本义是薄石。引申为把石头磨薄,使其受到磨损。

〔4〕涅(niè 聂):一种矿物,也叫"皂矾",古代用作黑色染料。这里

用作动词,染黑。缁(zī滋):黑色。

〔5〕匏(páo袍)瓜:葫芦的一种,果实比一般葫芦大。老后中空轻于水,可系于腰助人渡河泅水;或可对半剖开,做水瓢舀水用。

17.8 子曰:"由也,女闻六言六蔽矣乎[1]?"对曰:"未也。""居[2]!吾语女。好仁不好学,其蔽也愚;好知不好学[3],其蔽也荡[4];好信不好学,其蔽也贼[5];好直不好学,其蔽也绞[6];好勇不好学,其蔽也乱;好刚不好学,其蔽也狂。"

【今译】
　　孔子说:"仲由,你听说过六个字〔的德行〕,会有六种弊病吗?"〔子路起身〕回答:"没有。"〔孔子说:〕"坐下!我告诉你。爱好仁德却不好学习,其弊病是愚蠢;爱好聪明却不好学习,其弊病是放荡;爱好诚实却不好学习,其弊病是伤害自己和亲人;爱好直率却不好学习,其弊病是说话尖刻刺人;爱好勇敢却不好学习,其弊病是容易闹乱子闯祸;爱好刚强却不好学习,其弊病是狂妄。"

【注释】
　　〔1〕女:同"汝"。你。六言:六个字,即文中的仁、知、信、直、勇、刚等德行的六个方面。蔽:通"弊"。弊病,害处。
　　〔2〕居:坐。
　　〔3〕知:同"智"。
　　〔4〕荡:放荡不羁。
　　〔5〕贼:害,伤害。这里指容易给自己和亲人带来伤害。
　　〔6〕绞:说话尖酸刻薄,不通情理。

17.9 子曰:"小子何莫学夫《诗》?《诗》可以

兴[1]，可以观[2]，可以群[3]，可以怨[4]；迩之事父[5]，远之事君；多识于鸟兽草木之名。"

【今译】

孔子说："弟子们何不学习《诗经》呢？《诗经》可以激发人的意志和感情，可以提高观察能力，可以合群，可以抒发怨恨不平；近可以事奉父母，远可以事奉君主；还可以多认识鸟兽草木的名字。"

【注释】

〔1〕兴：本义是兴起，发动。这里指激发人的意志和感情。好的诗歌都是有感而发的，读之可以使人受到感动，而兴发爱憎的感情，在潜移默化中陶冶情操。

〔2〕观：本义是观察，观看。这是指提高人的观察能力。《诗经》的内容丰富，题材多样，历史上的政治得失、现实生活的状况，乃至各国各地的风俗民情、自然风物等在诗中都有反映。读诗可以丰富知识，从而相应地提高观察能力。

〔3〕群：使合群。诗离不开写人，多读诗就可以更深切地了解人，懂得如何与人相处、相交，培养锻炼人的合群的本领。

〔4〕怨：怨恨。《诗经》中有不少怨刺诗，表达对现实的愤懑，抒发人们心中的不平，讽刺不合理的社会现象。读了以后，可以学会用讽刺的方法，用正当的宣泄，来表达心中怨恨不平的感情。

〔5〕迩(ěr耳)：近。

17.10 子谓伯鱼曰："女为《周南》、《召南》矣乎[1]？人而不为《周南》、《召南》，其犹正墙面而立也与[2]！"

【今译】

孔子对伯鱼说："你学了《周南》、《召南》了吗？人如果不学

《周南》、《召南》,就好像面对墙壁站着啊!"

【注释】

〔1〕为:本义是做。这里指学习。周南,召(shào哨)南:《诗经》十五国风中的第一、第二两部分。本为地名,"周南"约在汉水流域东部,今陕西、河南之间直到湖北。"召南"约在汉水流域西部,今河南、湖北之间。这两个地域收集在《诗经》中的民歌,就叫《周南》、《召南》。孔子认为《周南》、《召南》中有许多修身齐家的道理,故提倡学习,并加以重视。

〔2〕"其犹"句:"正",对着。就好像面对着墙壁站着。比喻被阻挡而无法向前,一物无所见,一步不可行。一说,《周南》、《召南》中的诗,多用于乡乐,是众人合唱的,不用来独诵。如果一个人不会《周南》、《召南》,那就得独自保持沉默,虽在合唱的人群之中,也像面对着墙壁而孤立一般。

17.11 子曰:"礼云礼云,玉帛云乎哉[1]?乐云乐云,钟鼓云乎哉[2]?"

【今译】

孔子说:"礼呀礼呀,只是指玉帛之类的礼器吗?乐呀乐呀,只是指钟鼓之类的乐器吗?"

【注释】

〔1〕玉帛:指古代举行礼仪时使用的玉器、丝帛等礼器、礼品。

〔2〕钟鼓:古代乐器。朱熹说:"敬而将之以玉帛,则为礼;和而发之以钟鼓,则为乐。"这说明礼乐之可贵在于在百姓中提倡"敬"、"和"。如果只是在形式上摆玉帛、敲钟鼓,而忽略了它的深刻的内容,那就失去了礼乐本来的意义与作用。

17.12 子曰:"色厉而内荏[1],譬诸小人,其犹穿窬之盗也与[2]!"

251

【今译】

　　孔子说:"外表神色严厉而内心怯懦虚弱,以小人来作比喻,就像是挖墙洞爬墙头行窃的盗贼吧!"

【注释】

　　〔1〕色厉内荏:外貌似乎刚强威严,而内心却柔弱怯惧。"色",神色,脸色,外表的样子。"荏(rěn忍)",软弱,怯懦,虚弱。

　　〔2〕穿:挖,透,破。窬(yú鱼):洞,窟窿。从墙上爬过去也叫窬。

17.13　子曰:"乡愿〔1〕,德之贼也〔2〕。"

【今译】

　　孔子说:"所谓'乡愿',是败坏道德的人。"

【注释】

　　〔1〕乡愿:特指当时社会上那种不分是非,同于流俗,言行不一,伪善欺世,处处讨好,谁也不得罪的乡里中以"谨厚老实"为人称道的"老好人"。孔子尖锐地指出:这种"乡愿",言行不符,实际上是似德非德而乱乎德的人,乃德之"贼"。世人对之不可不辨。而后,孟子更清楚地说明这种人乃是"同乎流俗,合乎污世"的人。虽然表面上看,是个对乡人全不得罪的"好好先生",其实,他抹煞了是非,混淆了善恶,不主持正义,不抵制坏人坏事,全然成为危害道德的人(见《孟子·尽心下》)。"愿",谨厚,老实。

　　〔2〕贼:败坏,侵害,危害。

17.14　子曰:"道听而涂说〔1〕,德之弃也。"

【今译】

　　孔子说:"听到传闻不加考证而随意传播,从道德来讲,是应当抛弃的。"

【注释】

〔1〕"道听"句：在道上听到的不可靠的传闻，途中又向别人传说。"涂"，同"途"。

17.15 子曰："鄙夫可与事君也与哉[1]？其未得之也，患得之[2]。既得之，患失之。苟患失之，无所不至矣[3]。"

【今译】

孔子说："与品德恶劣的人怎么可以一起事奉君主呢？他没得到官位、富贵时，总怕得不到。既得到了，又怕失掉。假如老怕失掉官位、富贵，那就无论什么事都做得出来了。"

【注释】

〔1〕鄙夫：鄙陋、庸俗、道德品质恶劣的人。
〔2〕患得之：实际上是"患不能得之"的意思。"患"，怕，担心。
〔3〕无所不至：无所不用其极，无所不为。

17.16 子曰："古者民有三疾[1]，今也或是之亡也[2]。古之狂也肆，今之狂也荡；古之矜也廉[3]，今之矜也忿戾[4]；古之愚也直，今之愚也诈而已矣。"

【今译】

孔子说："古代的百姓有三种毛病，现在，或者连那样的毛病也没有了。古代狂妄的人不过有些放肆直言，不拘小节，现在狂妄的人却是放荡越礼，毫无顾忌了；古代骄傲的人不过是持守过严，不可触犯他，现在骄傲的人却是忿怨乖戾，蛮横无理了；古代愚笨的人不过头脑有些简单直率,现在愚笨的人却是明目张胆地虚伪欺诈罢了。"

【注释】

〔1〕疾:本义是病。这里指气质上的缺点。由于世风日下,今人的缺点毛病也无法同古人的缺点毛病相比了。古人气质上有缺点的尚且朴实可贵,今人则变得更加道德低下,风俗日衰了。

〔2〕亡:同"无"。

〔3〕矜(jīn 金):骄傲,自尊自大。廉:本义是器物的棱角。这里引申为不可触犯,碰不得,惹不得。

〔4〕忿戾(lì 利):凶恶好争,蛮横无理。

17.17 子曰:"巧言令色,鲜矣仁〔1〕。"

【今译】

孔子说:"花言巧语,一副和气善良的脸色,这种人是很少有仁德的。"

【注释】

〔1〕本章与《学而篇第一》第三章重复。可参阅。

17.18 子曰:"恶紫之夺朱也〔1〕,恶郑声之乱雅乐也,恶利口之覆邦家者。"

【今译】

孔子说:"〔我〕厌恶用紫色顶替红色,厌恶用郑国的音乐扰乱雅乐,厌恶以巧言善辩的嘴巴来倾覆国家的人。"

【注释】

〔1〕恶(wù 务):厌恶,讨厌。紫之夺朱:"夺",强行取得,取代,顶替。"朱",大红色。古代传统称为正色。紫是红色和蓝色混合而成的颜色,虽与红

色接近,然而不是正色而是杂色。但在春秋时期,史载鲁桓公和齐桓公都喜欢穿紫色衣服,可见那时紫色已取代了朱色的传统地位,连诸侯的衣服都以紫色为正色了。而孔子认为:朱色的光彩与地位不应被紫色所夺去。

17.19 子曰:"予欲无言。"子贡曰:"子如不言,则小子何述焉?"子曰:"天何言哉?四时行焉[1],百物生焉。天何言哉?"

【今译】

孔子说:"我想不说话了。"子贡说:"您如果不说话,那么弟子们还传述什么呢?"孔子说:"天何尝说话呢?四季照样运行不息,各种动植物照样发育生长。天何尝说话呢?"

【注释】

〔1〕四时:指春、夏、秋、冬四季。

17.20 孺悲欲见孔子[1],孔子辞以疾。将命者出户[2],取瑟而歌,使之闻之。

【今译】

孺悲想见孔子,孔子推辞说有病。传话的人出了门,〔孔子〕拿过瑟来又弹又唱,〔故意〕让孺悲听到。

【注释】

〔1〕孺悲:鲁国人。鲁哀公曾派孺悲向孔子学习士丧礼。孔子这次为何不愿见孺悲,原因不明。

〔2〕将命者:传话的人。

17.21 宰我问:"三年之丧,期已久矣[1]。君子三年不为礼,礼必坏;三年不为乐,乐必崩。旧谷既没,新谷既升,钻燧改火[2],期可已矣[3]。"子曰:"食夫稻[4],衣夫锦,于女安乎[5]?"曰:"安。""女安,则为之!夫君子之居丧,食旨不甘[6],闻乐不乐[7],居处不安[8],故不为也。今女安,则为之!"宰我出,子曰:"予之不仁也!子生三年,然后免于父母之怀。夫三年之丧,天下之通丧也。予也有三年之爱于其父母乎[9]?"

【今译】

宰我问:"父母去世,子女守孝三年,期限太久了。君子三年不讲习礼仪,礼仪必然荒废败坏;三年不演奏音乐,音乐必然生疏忘记。旧谷子已吃完,新谷子已上场,取火用的木料也都轮了一遍,守孝一周年就可以了。"孔子说:"〔父母去世还不满三年〕你便吃大米饭,穿锦绸缎,你心安吗?"〔宰我〕说:"〔我〕心安。"〔孔子说:〕"你心安,就这样做吧!君子居丧守孝,吃美味不觉香甜,听音乐不觉快乐,住好房子不觉安适,所以不那样做。如今你心安,就去做吧!"宰我出去后,孔子说:"是宰予的不仁啊!孩子生下三年之后,才能脱离父母的怀抱。为父母守孝三年,是天下通行的丧礼。宰予是不是也有三年的爱心报答于他的父母呢?"

【注释】

〔1〕期:时间,期限。

〔2〕钻燧改火:"燧(suì 岁)",木燧,古代钻木取火的工具。古人钻木取火,所用的木料四季不同。春天用榆柳,孟夏与仲夏用枣杏,季夏用桑柘,秋天用柞楢,冬天用槐檀。各种木料一年轮用一遍,第二年按上年的次序依次取用,叫"改火"。钻燧改火,即指过了一年。

〔3〕期:指一周年。

〔4〕食夫稻:"夫",指示代词。这,那。古代水稻的种植面积很小,

大米是很珍贵的粮食,居丧者更不宜食。因按礼,"父母之丧,既殡,食粥,粗衰。既葬,疏食,水饮,受以成布。期而小祥,始食菜果……"。(朱熹《四书集注》)

〔5〕女:同"汝"。你。

〔6〕旨:美味,好吃的食物。

〔7〕乐:第一个"乐",指音乐。第二个"乐",指快乐。

〔8〕居处:指住在平时所住的好房子里。古代守孝,应在父母坟墓附近搭一个临时性的草棚子或住茅草房,睡在地下草苫子上,以表示不忍心住在安适的屋子里。

〔9〕"予也"句:"于",给,与。一说,"于",自,从。则此句意为:难道宰予没从父母那里得到过三年的爱护抚育吗?

17.22 子曰:"饱食终日[1],无所用心,难矣哉!不有博弈者乎[2]?为之,犹贤乎已[3]。"

【今译】

孔子说:"饱食终日,无所用心,〔这种人〕真难办啊!不是有掷彩下棋的游戏吗?下下棋,也比什么都不干要好些。"

【注释】

〔1〕终日:整天。

〔2〕博:古代一种棋局游戏,用六箸十二棋为博具,以争输赢。弈(yì):围棋。

〔3〕贤:好,胜过,超过。已:止。指什么都不干。

17.23 子路曰:"君子尚勇乎?"子曰:"君子义以为上。君子有勇而无义为乱,小人有勇而无义为盗。"

【今译】

　　子路问道:"君子崇尚勇敢吗?"孔子说:"君子以为义是最高尚的。君子有勇而无义,就会犯上作乱;小人有勇而无义,就会做强盗。"

17.24　子贡曰:"君子亦有恶乎?"子曰:"有恶。恶称人之恶者,恶居下流而讪上者[1],恶勇而无礼者,恶果敢而窒者[2]。"曰:"赐也亦有恶乎?""恶徼以为知者[3],恶不孙以为勇者[4],恶讦以为直者[5]。"

【今译】

　　子贡问道:"君子也有所厌恶吗?"孔子说:"有厌恶。厌恶专好称扬散播别人坏处的人,厌恶身居下位而诽谤上位的人,厌恶恃强勇敢而无礼的人,厌恶果决敢为而固执不通事理的人。"〔孔子又〕说:"端木赐呀,你也有所厌恶吗?"〔子贡说:〕"厌恶窃取抄袭〔别人的知识成果〕却自以为聪明的人,厌恶不谦逊却自以为勇敢的人,厌恶揭发攻击别人却自以为正直的人。"

【注释】

　　〔1〕流:据清乾隆年间经学大家惠栋《九经古义》和清嘉庆年间学者冯登府《论语异文考证》,"流"字衍。晚唐以前的《论语》版本中无"流"字,至宋代,才有此衍误。讪(shàn善):诽谤,讥讽,诋毁。以言毁人称谤,在下谤上称讪。

　　〔2〕窒(zhì志):阻塞,不通。引申为固执,头脑僵化,顽固不化。

　　〔3〕徼(jiāo交):抄袭,窃取,剽窃他人的知识成果(如言论,学问,见解,做出的成绩等)。一说,私察他人之言行动静,而自作聪明,假以为知。知:同"智"。

　　〔4〕孙:同"逊"。

　　〔5〕讦(jié杰):攻击别人的短处,揭发别人的隐私。

17.25 子曰:"唯女子与小人为难养也[1],近之则不孙[2],远之则怨。"

【今译】
孔子说:"唯独女子和小人是难以相处的。亲近他,就无礼;疏远他,就怨恨。"

【注释】
〔1〕养:供养,共同相处。这里主要指的是对婢妾,对仆隶下人,故用"养"字。
〔2〕不孙:指不恭顺,不守规矩,放肆无礼。"孙",同"逊"。

17.26 子曰:"年四十而见恶焉[1],其终也已。"

【今译】
孔子说:"年纪到了四十岁还被人厌恶,他这一辈子算是完了。"

【注释】
〔1〕见恶:被别人所厌恶,所讨厌。"见",助词,表示被动。

微子篇第十八
（共十一章）

主要记历史上圣贤的事迹，孔子及其弟子周游列国时的行为，以及世人对于处乱世的不同态度。

18.1 微子去之[1]，箕子为之奴[2]，比干谏而死[3]。孔子曰："殷有三仁焉！"

【今译】
〔纣王无道，〕微子离开了纣王，箕子被纣王拘囚降为奴隶，比干屡次劝谏被〔纣王〕杀死。孔子说："殷朝有这三位仁人啊！"

【注释】
〔1〕微子：名启，采邑在微（今山西省潞城县东北）。微子是纣王的同母兄，但微子出生时其母只是帝乙的妾，后来才立为正妻生了纣，于是纣获得立嗣的正统地位而继承了帝位，微子则封为子爵，成了纣王的卿士。纣王无道，微子屡谏不听，遂隐居荒野。周武王灭殷后，被封于宋。去：离开。之：代词。指殷纣王。
〔2〕箕子：名胥馀，殷纣王的叔父。他的采邑在箕（在今山西省太谷县东北）。子爵，官太师。曾多次劝说纣王，纣王不听，箕子披发装疯，被纣王拘囚，降为奴隶。周武王灭殷后才被释放。
〔3〕比干：殷纣王的叔父。官少师，屡次竭力强谏纣王，并表明"主过不谏，非忠也；畏死不言，非勇也；过则谏，不用则死，忠之至也。"纣王大怒，竟说："吾闻圣人之心有七窍，信诸？"（《史记·殷本纪》注引《括地

志》)遂将比干剖胸挖心,残忍地杀死。

18.2 柳下惠为士师[1],三黜[2]。人曰:"子未可以去乎[3]?"曰:"直道而事人,焉往而不三黜[4]?枉道而事人[5],何必去父母之邦[6]?"

【今译】

柳下惠担任〔鲁国〕掌管司法刑狱的官员,多次被免职。有人说:"您不可以离开〔这个国家〕吗?"〔柳下惠〕说:"正直地事奉人君,到哪一国去不会被多次免职?〔如果〕不正直地事奉人君,何必要离开自己父母所在的祖国呢?"

【注释】

〔1〕士师:古代掌管司法刑狱的官员。
〔2〕三黜(chù 触):多次被罢免。"三",表示多次,不一定只有三次。
〔3〕去:离开。
〔4〕焉:代词,表疑问。哪里。往:去。
〔5〕枉:不正。
〔6〕父母之邦:父母所在之国,即本国,祖国。

18.3 齐景公待孔子曰:"若季氏,则吾不能;以季孟之间待之。"曰:"吾老矣,不能用也。"孔子行[1]。

【今译】

齐景公讲到对待孔子〔的礼节、爵禄〕说:"若像〔鲁国国君〕对待季氏那样〔来对待孔子〕,我不能;要用比季孙氏低比孟孙氏高的待遇来对待孔子。"〔后来齐景公又〕说:"我老了,不能用他了。"孔子便动身走了。
【注释】
〔1〕孔子行:公元前509年,孔子到齐国,想得到齐景公的重用;结果,有人反对,甚至扬言要杀孔子。齐景公迫于压力,不敢任用,孔子于是离开齐国。

18.4　齐人归女乐[1],季桓子受之[2],三日不朝,孔子行[3]。

【今译】
齐国人赠送了许多歌姬舞女〔给鲁国〕,季桓子接受了,三天不上朝。孔子便离开了鲁国。
【注释】
〔1〕归:同"馈"。赠送。
〔2〕季桓子:鲁国贵族,姓季孙,名斯,季孙肥(康子)的父亲。从鲁定公时至鲁哀公初年,一直担任鲁国执政的上卿(宰相)。
〔3〕孔子行:《史记·孔子世家》:"定公十四年,孔子为鲁司寇,摄行相事。齐人惧,归(馈)女乐以沮(阻止)之。"孔子看到鲁国君臣这样迷恋女乐,朝政日衰,不足有为,便大大失望而去职离鲁。

18.5　楚狂接舆歌而过孔子曰[1]:"凤兮[2]!凤兮!何德之衰?往者不可谏[3],来者犹可追[4]。已而,已而,今之从政者殆而[5]。"孔子下,欲与之言。趋而辟之[6],不得与之言。

【今译】
楚国有位狂人接舆,唱着歌经过孔子的车旁,歌里唱道:"凤凰呀！凤凰呀！为何道德这么衰微？过去的事不可挽回了,将来的事还来得及改正。算了吧,算了吧,如今从政的人危险啊。"孔子下车,想同他说话。〔接舆〕快步避开了,〔孔子〕没能同他说话。

【注释】

〔1〕接舆:"接",迎。"舆",车。迎面遇着孔子的车。这里因其事而呼其人为"接舆"。传说乃楚国人,是"躬耕以食"的隐者贤士,用唱歌来批评时政,被世人视为狂人。一说,接舆本姓陆,名通,字接舆。见楚昭王政事无常,乃佯狂不仕,于是被人们看做是楚国的一个疯子。

〔2〕凤:凤凰。古时传说,世有道则凤鸟见,无道则隐。这里比喻孔子。接舆认为孔子世无道而不能隐,故说"德衰"。

〔3〕谏:规劝,使改正错误。

〔4〕犹可追:尚可补救,还来得及改正。

〔5〕而:语助词,相当于"矣"。

〔6〕辟:同"避"。

18.6　长沮、桀溺耦而耕[1],孔子过之,使子路问津焉。长沮曰:"夫执舆者为谁[2]?"子路曰:"为孔丘。"曰:"是鲁孔丘与[3]?"曰:"是也。"曰:"是知津矣。"问于桀溺。桀溺曰:"子为谁?"曰:"为仲由。"曰:"是鲁孔丘之徒与?"对曰:"然。"曰:"滔滔者天下皆是也,而谁以易之？且而与其从辟人之士也[4],岂若从辟世之士哉[5]。"耰而不辍[6]。子路行以告。夫子怃然曰[7]:"鸟兽不可与同群,吾非斯人之徒与而谁与[8]？天下有道,丘不与易也[9]。"

【今译】

长沮、桀溺两人一起耕田,孔子经过那里,让子路去打听渡

263

口。长沮说:"那驾车的人是谁?"子路说:"是孔丘。"〔长沮〕说:"是鲁国的孔丘吗?"〔子路〕说:"是的。"〔长沮〕说:"那他自己该知道渡口〔在哪里〕。"去问桀溺。桀溺说:"您是谁?"〔子路〕说:"是仲由。"〔桀溺〕说:"是鲁国孔丘的徒弟吗?"〔子路〕回答:"是的。"〔桀溺〕说:"〔世上纷纷乱乱,礼坏乐崩,〕如滔滔的大水弥漫,天下都是这样,你们和谁去改变这种现状呢?而且,你与其跟随躲避人的人,还不如跟随避开整个社会的人呢。"一边说一边不停地用耰翻土覆盖播下的种子。子路回来告诉〔孔子〕。孔子怅惘地叹息说:"〔人〕与鸟兽是不可同群的,我不同世人一起生活又同谁呢?假若天下有道,我孔丘就不参与变革〔现实的活动〕了。"

【注释】

〔1〕长沮,桀溺:"长",个头高大。"沮(jù 剧)",沮洳,泥水润泽之处。"桀",同"杰"。身材魁梧。"溺",身浸水中。这是两位在泥水中从事劳动的隐者。长沮、桀溺,都是形容人的形象,不是真实姓名。耦(ǒu 藕):二人合耕,各执一耜(sì 四),左右并发。

〔2〕执舆者:驾车的人。此指孔子。本来是子路驾车的,因下车问津,所以由孔子代为驾车,孔子便成了"执舆者"。

〔3〕与:通"欤"。吗。

〔4〕且:而且。而:同"尔"。你。辟人之士:躲避人的人。指孔子。孔子离开鲁国,到处奔波,躲避与自己志趣不合的人,不同他们合作,故称。"辟",同"避"。

〔5〕辟世之士:避开整个社会的隐士。

〔6〕耰(yōu 优):古代农具,用来击碎土块和平整土地。这里指用耰翻土去覆盖种子。辍(chuò 绰):停止,中止。

〔7〕怃(wǔ 午)然:怅惘失意的样子。

〔8〕斯人之徒:指世上的人们,现实社会的那些从政者,统治者。

〔9〕与:相与,参与。易:变易,改革。

18.7　子路从而后,遇丈人[1],以杖荷蓧[2]。子路问:"子见夫子乎?"丈人曰:"四体不勤,五谷不分,孰为夫子?"植其杖而芸[3]。子路拱而立。止子路宿,杀鸡为黍而食之[4],见其二子焉。明日,子路行以告。子曰:"隐者也。"使子路反见之[5],至则行矣。子路曰:"不仕无义。长幼之节不可废也,君臣之义如之何其废之?欲洁其身而乱大伦。君子之仕也,行其义也。道之不行,已知之矣。"

【今译】

〔孔子周游列国时〕子路跟从,〔有一次〕落在后面。遇上一位老人,用木杖挑着除草的农具。子路问:"您看见我的老师了吗?"老人说:"〔你们〕四肢不劳动,五谷分不清,谁知哪个是你老师?"接着把木杖插在地上,就去除草了。子路拱手站在一旁。老人留子路到他家住宿,杀鸡、做黍米饭给子路吃,并让两个儿子见了子路。第二天,子路赶上了孔子,告诉了这件事。孔子说:"这是位隐士。"让子路返回去看老人。子路到了那里,〔老人〕已经走了。子路说:"不从政做官是不义的。长幼之间的礼节不可废弃,君臣之间的名分如何能废弃呢?只想洁身自好,却乱了君臣间大的伦理关系。君子之所以要从政做官,就是为了实行君臣之义。〔至于〕道之不能行,〔我们〕已经知道了。"

【注释】

〔1〕丈人:老人。姓名身世不详。一说,楚国叶县人。

〔2〕荷(hè 贺):挑,担,扛。蓧(diào 掉):古代一种竹制农具。用以除草。

〔3〕芸:同"耘"。除草。

〔4〕食(sì 四):拿东西给别人吃。

〔5〕反:同"返"。返回去。

18.8 逸民〔1〕:伯夷,叔齐,虞仲〔2〕,夷逸〔3〕,朱张〔4〕,柳下惠,少连〔5〕。子曰:"不降其志,不辱其身,伯夷、叔齐与!"谓:"柳下惠、少连,降志辱身矣,言中伦〔6〕,行中虑,其斯而已矣。"谓:"虞仲、夷逸,隐居放言,身中清,废中权。我则异于是,无可无不可〔7〕。"

【今译】

逸民有:伯夷,叔齐,虞仲,夷逸,朱张,柳下惠,少连。孔子说:"不贬抑自己的意志,不辱没自己的身份,就是伯夷、叔齐吧!"又说:"柳下惠、少连,〔被迫〕贬抑自己的意志,辱没自己的身份,但说话合乎伦理,行为深思熟虑,他们只是这样做而已啊。"又说:"虞仲、夷逸,过隐居生活,说话放纵无忌,能保持自身清白,废弃官位而合乎权宜变通。可是我与这些人不同,没有什么可以,也没有什么不可以。"

【注释】

〔1〕逸民:隐退不仕的人,失去政治、经济地位的贵族。

〔2〕虞仲:即仲雍,为推辞王位,与兄泰伯一同隐至荆蛮。见《泰伯篇第八》第一章注。一说,是《史记》中吴君周章之弟。

〔3〕夷逸:古代隐士。自称是牛,可耕于野,而不忍被诱入庙而为牺牲。

〔4〕朱张:字子弓。身世不详。

〔5〕少连:东夷人。善于守孝,达于礼。

〔6〕中(zhòng 众):符合,合于。

〔7〕"无可"句:意思是说:根据客观实际情况的发展变化而考虑怎样做适宜。得时则驾,随遇而安。《孟子·万章下》说:孔子是"圣之时者也","可以速而速,可以久而久,可以处而处,可以仕而仕"。随机应变,见

机行事。不一定这样做,也不一定不这样做。

18.9 太师挚适齐[1],亚饭干适楚[2],三饭缭适蔡,四饭缺适秦;鼓方叔入于河[3],播鼗武入于汉[4];少师阳、击磬襄[5],入于海。

【今译】

太师挚去了齐国,亚饭乐师干去了楚国,三饭乐师缭去了蔡国,四饭乐师缺去了秦国;打鼓的方叔去了黄河地区,摇小鼓的武去了汉水地区;少师阳和击磬的襄,去了海滨。

【注释】

〔1〕太师挚:可能就是《泰伯篇第八》第十五章中所说的"师挚",是乐官之长。可参阅。

〔2〕亚饭:按周朝制度规定,天子和诸侯吃饭时要奏乐。"亚饭"是第二次吃饭时奏乐的乐师,"三饭"、"四饭"依此类推。干:及下文"缭"、"缺",均为乐师名。

〔3〕鼓方叔:打鼓的乐师,名方叔。河:专指黄河。

〔4〕播:摇。鼗(táo桃):长柄摇鼓,两旁系有小槌。武:是摇小鼓的乐师的名字。

〔5〕少师阳:乐官之佐(副乐师),名阳。击磬襄:敲磬的乐师,名襄。孔子曾向他学琴。以上这些鲁国的乐师流亡四方,各找出路,说明鲁公室已日益衰微。

18.10 周公谓鲁公曰[1]:"君子不施其亲[2],不使大臣怨乎不以[3];故旧无大故,则不弃也;无求备于一人。"

【今译】

周公对鲁公说:"君子不能疏远怠慢自己的亲族,不能让大臣埋怨不任用他们；老臣老友，如果没有重大的过错，不要遗弃他们；不要对一个人求全责备。"

【注释】

〔1〕周公：武王之弟，名姬旦。鲁公：指周公的儿子伯禽。

〔2〕施：同"弛"。松弛，放松，弃置。引申为疏远，怠慢。

〔3〕以：用，任用。

18.11　周有八士[1]：伯达，伯适，仲突，仲忽，叔夜，叔夏，季随，季骒。

【今译】

周朝有八位名士：伯达，伯适，仲突，仲忽，叔夜，叔夏，季随，季骒。

【注释】

〔1〕八士：身世生平不详。或说，周初盛时，有这八名才德之士：伯达通达义理，伯适（kuò 扩）大度能容，仲突有御难之才，仲忽有综理之才，叔夜柔顺不迫，叔夏刚明不屈，季随有应顺之才能，季骒（guā 瓜）德同良马。八人都很有教养，有贤名。或传说八士为一母所生的四对孪生子（见《逸周书》）。

子张篇第十九
（共二十五章）

主要记孔子的弟子们探讨求学求道的言论，以及对孔子的敬仰与赞颂。

19.1　子张曰："士见危致命[1]，见得思义[2]，祭思敬，丧思哀，其可已矣[3]。"

【今译】

子张说："作为一个士，遇见国家危难，能献出自己生命；遇见有利可得，能考虑是否合乎义；祭祀时，能想到恭敬严肃；临丧时，能想到悲哀。这样做就可以了。"

【注释】

〔1〕致命：授命，舍弃生命。

〔2〕思：反省，考虑。

〔3〕其可已矣："见危致命，见得思义，祭思敬，丧思哀"这四方面是立身之大节。作为士，如能做到这些，就算可以了。

19.2　子张曰："执德不弘[1]，信道不笃，焉能为有？焉能为亡[2]？"

【今译】

　　子张说:"执守仁德不能发扬光大,信仰道义不能专一诚实,〔这种人〕哪能算有?哪能算无?"

【注释】

　　〔1〕弘:弘扬,发扬光大。一说,"弘"即今之"强"字,坚强,坚定不移(见章炳麟《广论语骈枝》)。

　　〔2〕"焉能"句:意谓无足轻重;有他不为多,无他不为少;有他没他一个样。"亡",同"无"。

19.3　子夏之门人问交于子张。子张曰:"子夏云何?"对曰:"子夏曰:'可者与之,其不可者拒之。'"子张曰:"异乎吾所闻:君子尊贤而容众,嘉善而矜不能[1]。我之大贤与[2],于人何所不容?我之不贤与,人将拒我,如之何其拒人也?"

【今译】

　　子夏的门人向子张询问交友之道。子张反问:"子夏是怎样说的?"〔子夏的门人〕回答:"子夏说:'可交的就与他交,不可交的就拒绝他。'"子张说:"这和我听说的不同:君子能尊敬贤人,又能容纳众人;能赞美好人,又能怜悯能力差的人。我如果是很贤明的,对于别人为何不能容纳呢?我如果不贤明,别人将会拒绝我,如何〔谈得上〕拒绝别人呢?"

【注释】

　　〔1〕矜(jīn 金):怜悯,怜恤,同情。

　　〔2〕与:同"欤"。语气词。

19.4　子夏曰:"虽小道[1],必有可观者焉,致远恐泥[2]，是以君子不为也。"

【今译】

子夏说："虽是小的技艺，也一定有可取之处，但对远大的事业恐有妨碍，所以君子不从事这些小技艺。"

【注释】

〔1〕小道：指某一方面的技能、技艺，如古代所谓农、圃、医、卜、乐、百工之类。

〔2〕泥（nì 腻）：不通达，留滞，拘泥。

19.5 子夏曰："日知其所亡[1]，月无忘其所能，可谓好学也已矣。"

【今译】

子夏说："每天知道一些过去所不知的，每月不忘记已经掌握的，〔这样〕可以称为好学的人了。"

【注释】

〔1〕亡：同"无"。这里指自己所没有的知识、技能，所不懂的道理等。

19.6 子夏曰："博学而笃志，切问而近思，仁在其中矣。"

【今译】

子夏说："广博地学习钻研，坚定自己的志向，恳切地提问，多考虑当前的事，仁德就在其中了。"

19.7 子夏曰："百工居肆以成其事[1]，君子学以

271

致其道。"

【今译】

　　子夏说:"各行业的工匠要〔整天〕在作坊里完成自己分内的工作,君子要〔终身〕学习达到实现道的目的。"

【注释】

　　〔1〕肆:古代制造物品的场所。如官府营造器物的地方,手工业作坊。陈列商品的店铺,也叫肆。

19.8　子夏曰:"小人之过也必文。"

【今译】

　　子夏说:"小人对过错必定掩饰。"

19.9　子夏曰:"君子有三变:望之俨然,即之也温,听其言也厉。"

【今译】

　　子夏说:"君子〔的态度让你感到〕有三种变化:远看外表庄严可畏,接近他温和可亲,听他说的话严正精确。"

19.10　子夏曰:"君子信而后劳其民[1];未信,则以为厉己也[2]。信而后谏;未信,则以为谤己也。"

【今译】

　　子夏说:"君子要先取得百姓的信任,而后再役使他们;〔如果〕不信任,〔百姓〕就会以为是虐待自己。要先取得〔君主〕信任,而后去劝谏;〔如果〕不信任,〔君主〕就会以为是诽谤自己。"

【注释】

〔1〕劳:指役使,让百姓去服劳役。

〔2〕厉:虐待,折磨,坑害。

19.11 子夏曰:"大德不逾闲[1],小德出入可也。"

【今译】

子夏说:"在德操大节上不要超过界限,在细微小节上有点出入是可以的。"

【注释】

〔1〕大德:与下"小德"相对,犹言大节。小德即小节。一般认为,大德指纲常伦理方面的节操。小德指日常的生活作风,礼貌,仪表,待人接物,言语文词等。逾:超越,越过。闲:本义是阑,栅栏。引申为限制,界限,法度。

19.12 子游曰:"子夏之门人小子,当洒扫应对进退,则可矣,抑末也[1]。本之则无,如之何?"子夏闻之,曰:"噫!言游过矣!君子之道[2],孰先传焉?孰后倦焉[3]?譬诸草木,区以别矣。君子之道,焉可诬也?有始有卒者,其惟圣人乎!"

【今译】

子游说:"子夏的门人,做些洒水扫地接待迎送的事是可以的,但这不过是末节。根本的东西却没有〔学到〕,怎么可以呢?"子夏听了这些话,说:"唉!子游错了!君子之道,哪些先传授,哪些后传授呢?〔道〕比之于草木,〔各种各类〕是有区别

273

的。君子之道,怎么可以诬蔑歪曲呢?能够有始有终〔按次序教授弟子的〕,大概只有圣人吧!"

【注释】

〔1〕抑:抑或,或许。末:非根本的方面,末节。

〔2〕君子之道:指君子的立身之道。与"本"有密切联系,故《论语》有"君子务本,本立而道生"的话。

〔3〕"孰先"句:句中"倦"字,当是"传"字之误。一说,"倦"字不误,意思是:君子之道,传于人,宜有先后,非以其"末"为先而传之,非以其"本"为后而倦教,非专传其宜先者,而倦传其宜后者。

19.13 子夏曰:"仕而优则学[1],学而优则仕。"

【今译】

子夏说:"做官要做得好就应该学习;学习好了才可以做官。"

【注释】

〔1〕仕:做官。一说,先秦从事一般工作,也称"仕"。优:优秀,优良。一说,"优",充足,富裕。指人有馀力。此章的意思则是:做了官的首先是为国为民尽职尽责,有馀力,便应学习(资其仕者益深);为学的首先是明道修德掌握知识技能,有馀力,则可做官(验其学者益广)。

19.14 子游曰:"丧致乎哀而止[1]。"

【今译】

子游说:"居丧,充分体现出悲哀之情就可以了。"

【注释】

〔1〕"丧致乎"句:这句话包含两层含意:一、居丧尚有悲哀之情,而不尚繁礼文饰。二、既已哀,则当止,不当过哀以至毁身灭性。"丧",指在

直系亲长丧期之中。

19.15 子游曰:"吾友张也为难能也[1],然而未仁。"

【今译】

子游说:"我的朋友子张,是难能可贵的〔人物〕,然而还没达到仁。"

【注释】

〔1〕张:即颛孙师,字子张。朱熹说:"子张行过高,而少诚实恻怛之意。"才高意广,人所难能,而心驰于外,不能全其心德,未得为仁。

19.16 曾子曰:"堂堂乎张也[1],难与并为仁矣。"

【今译】

曾子说:"仪表壮伟的子张啊,〔却〕很难同他一起做到仁。"

【注释】

〔1〕堂堂:形容仪表壮伟,气派十足。据说子张外有馀而内不足,他的为人重在"言语形貌",不重在"正心诚意",故人不能助他为仁,他也不能助人为仁。

19.17 曾子曰:"吾闻诸夫子,人未有自致者也[1],必也亲丧乎!"

【今译】

曾子说:"我听老师说过,人没有自动充分表露内心真情的,〔若有,〕必定是父母去世吧!"

【注释】

〔1〕致:极,尽。这里指充分表露和发泄内心全部的真实感情。父母之丧,哀痛迫切之情,不待人勉而自尽其极。

19.18 曾子曰:"吾闻诸夫子:孟庄子之孝也[1],其他可能也,其不改父之臣与父之政,是难能也。"

【今译】

曾子说:"我听老师说过:孟庄子行孝,其他方面别的人都能做到,不更换父亲的旧臣,不改变父亲的政治措施,那是别人难以做到的。"

【注释】

〔1〕孟庄子:鲁国大夫孟孙速。其父是孟孙蔑(孟献子),品德好,有贤名。

19.19 孟氏使阳肤为士师[1]。问于曾子。曾子曰:"上失其道,民散久矣。如得其情,则哀矜而勿喜[2]!"

【今译】

孟孙氏任命阳肤为司法刑狱长官。〔阳肤〕请教于曾子。曾子说:"当政的人失去正道,百姓离心离德已久了。如果了解了百姓〔因受苦、冤屈而犯法的〕实情,应当同情怜悯他们,而不要〔因判他们罪而〕沾沾自喜。"

【注释】

〔1〕阳肤:相传是曾参七名弟子中的一名。武城人。

〔2〕矜:怜悯,怜惜,同情。

19.20 子贡曰:"纣之不善[1],不如是之甚也[2]。是以君子恶居下流[3],天下之恶皆归焉[4]。"

【今译】

子贡说:"殷纣王的不善,不如传说的那样严重。因此,君子非常憎恶居于下流,〔一旦居于下流,〕天下的一切坏事〔坏名〕都会归到他的头上来。"

【注释】

〔1〕纣:名辛,史称"帝辛","纣"是谥号(按照谥法,残忍不义称为"纣")。商朝最后一个君主,是历史上有名的暴君。据史料看,纣有文武才能,对东方的开发,对文化的发展和中国的统一,都曾有过贡献。但他宠爱妲己,贪酒好色,刚愎自用,拒纳忠言。制定残酷的刑法,压制人民。又大兴土木,无休止地役使人民。后周武王会合西南各族向纣进攻,牧野(今河南淇县西南)一战,纣兵败,逃入城内,引火自焚而死。殷遂灭。

〔2〕是:代词。指人们传说的那样。

〔3〕恶(wù务):讨厌,憎恨,憎恶。下流:地势卑下处。这里指由高位而降至低位。

〔4〕恶(è饿):坏事,罪恶。子贡说这番话的意思,当然不是为纣王去辩解开脱,而是要提醒世人(尤其是当权者),应当经常自我警戒反省,在台上的时候律己要严。否则一旦失势,置身"下流",天下的"恶名"将集于一身而遗臭万年。

19.21 子贡曰:"君子之过也,如日月之食焉[1]:过也,人皆见之;更也[2],人皆仰之。"

277

【今译】

子贡说:"君子的过错,如同日蚀月蚀:过错,人们都看得见;更改,人们都仰望着。"

【注释】

〔1〕食:同"蚀"。

〔2〕更:变更,更改。

19.22 卫公孙朝问于子贡曰[1]:"仲尼焉学?"子贡曰:"文武之道,未坠于地[2],在人。贤者识其大者,不贤者识其小者,莫不有文武之道焉。夫子焉不学?而亦何常师之有[3]?"

【今译】

卫国的公孙朝问子贡:"仲尼的学问是从哪儿学来的?"子贡说:"周文王、周武王之道,并未失传,还有人能记得。贤能的人了解记住大的方面,不贤的人了解记住小的方面,无处不有文武之道。我的老师何处不学呢?又何尝有固定的老师呢?"

【注释】

〔1〕公孙朝:卫国大夫。

〔2〕坠于地:掉到地下。这里指被人们轻视而遗弃,被人遗忘,失传。

〔3〕常师:固定的老师。子贡说孔子不是专向某一个人学习,而是向众人学习。传说孔子曾经问礼于老聃(dān 丹),访乐于长弘,问官于郯子,学琴于师襄。故唐代韩愈说"圣人无常师"(见《师说》)。

19.23 叔孙武叔语大夫于朝曰[1]:"子贡贤于仲尼。"子服景伯以告子贡[2]。子贡曰:"譬之宫墙[3],赐之墙也及肩,窥见室家之好。夫子之墙数仞[4],不得其门而入,不见宗庙之美,百官之富[5]。得其门者或寡矣。夫子之云,不亦宜乎[6]!"

【今译】

叔孙武叔在朝廷上对大夫们说:"子贡比孔子强。"子服景伯把这话告诉了子贡。子贡说:"用房舍的围墙作个比喻吧,我的围墙,只够到肩膀那么高,人们都能窥见房屋的美好。我老师的围墙有几丈高,找不到门,无法进去,看不到宗庙的美好和各个房舍的丰富多彩。能找到门进去的人或许还很少呢。〔叔孙武叔〕老先生那样说,不也是很自然的吗!"

【注释】

〔1〕叔孙武叔:鲁国大夫,"三桓"之一,名州仇。
〔2〕子服景伯:名何,鲁国大夫。
〔3〕宫:房屋,住舍。古代不论尊卑贵贱,住所都称"宫"。到了秦代才专称帝王的住所为宫。
〔4〕仞(rèn 认):古代长度,七尺(或说八尺)叫一仞。
〔5〕官:本义是房舍,后来才引申为做官,官职。这里用本义。
〔6〕宜:适宜,相称,很自然。

19.24　叔孙武叔毁仲尼。子贡曰:"无以为也!仲尼不可毁也。他人之贤者,丘陵也,犹可逾也;仲尼,日月也,无得而逾焉。人虽欲自绝[1],其何伤于日月乎?多见其不知量也[2]。"

【今译】

叔孙武叔毁谤仲尼。子贡说:"不要这样做啊! 仲尼是毁谤不了的。别的贤人,如丘陵,还可以越过去;仲尼,如日月,是

279

无法越过的。有人虽然想要自绝〔于日月〕,对日月有什么损伤呢?只是看出这种人不自量力啊。"

【注释】

〔1〕自绝:自行断绝跟对方之间的关系。

〔2〕多:只是,徒然,恰好是。不知量:不知道自己的分量,不知高低轻重,不自量。

19.25 陈子禽谓子贡曰[1]:"子为恭也,仲尼岂贤于子乎?"子贡曰:"君子一言以为知[2],一言以为不知,言不可不慎也。夫子之不可及也,犹天之不可阶而升也。夫子之得邦家者,所谓立之斯立,道之斯行[3],绥之斯来[4],动之斯和。其生也荣,其死也哀。如之何其可及也?"

【今译】

陈子禽对子贡说:"您对仲尼有意表现恭敬吧,他难道比您更贤能吗?"子贡说:"君子一句话可以表现出明智,一句话也可以表现出不明智,说话不可不谨慎呀。我们老师是不可及的,好像天是不能通过阶梯登上去一样。我们老师如能获得治理国家的权位,就像〔我们〕所说的:要百姓立足于社会,〔百姓〕就会立足于社会;要引导百姓,〔百姓〕就会跟着走;要安抚百姓,〔百姓〕就会来归附;要发动百姓,〔百姓〕就会团结协力。老师活着很光荣,死了会使人悲哀。〔我〕怎么能赶上老师呢?"

【注释】

〔1〕陈子禽:陈亢,字子禽。参阅《学而篇第一》第十章注。

〔2〕知:同"智"。聪明,智慧,明智。

〔3〕道:同"导"。引导。

〔4〕绥(suí 随):安抚。

尧曰篇第二十
（共三章）

主要记古代贤王尧、舜、禹、汤的言论以及孔子对为政的论述。

20.1 尧曰[1]："咨[2]！尔舜[3]，天之历数在尔躬[4]，允执其中[5]。四海困穷，天禄永终。"

舜亦以命禹[6]。

曰："予小子履敢用玄牡[7]，敢昭告于皇皇后帝[8]：有罪不敢赦。帝臣不蔽[9]，简在帝心[10]。朕躬有罪[11]，无以万方；万方有罪，罪在朕躬。"

周有大赉[12]，善人是富。"虽有周亲，不如仁人。百姓有过，在予一人[13]。"

谨权量[14]，审法度[15]，修废官，四方之政行焉。兴灭国，继绝世，举逸民，天下之民归心焉。

所重：民，食，丧，祭。[16]

宽则得众，信则民任焉[17]，敏则有功，公则说[18]。

【今译】

尧说："啧啧！舜啊！按照天意所定的继承顺序，帝位就在你身上了，〔你〕要诚实恰当地保持执守中正之道。〔如果你执行有偏差,]天下百姓陷于贫困,〔那么〕上天赐给你的禄位就会永远终止了。"

舜也是用这些话嘱咐了禹。

〔商汤〕说:"我小子履,大胆虔诚地用黑色的公牛来祭祀,冒昧地向光明而伟大的天帝祷告:对有罪的人,〔我〕不敢擅自赦免。您的臣仆〔的善恶〕,我也不敢隐瞒掩盖,〔对此〕您心里是清楚知道的。〔如果〕我自身有罪过,请不要责怪连累天下万方;天下万方〔如果〕有罪过,罪过都应归在我身上。"

周朝〔初年〕大发赏赐〔分封诸侯〕,善人都得到富贵。〔周武王说:〕"虽有至亲,却不如有仁德的人。百姓如有过错,都应该由我一人来承担。"

〔孔子常说:〕谨慎地制定审查度量衡,恢复被废弃的官职与机构,天下四方的政令就通行了。复兴灭亡了的国家,接续断绝了的世族,推举起用前代被遗落的德才之士,天下民心就归服了。

〔国家〕所要重视的是:人民,粮食,丧葬,祭祀。

做人宽厚,就会得到众人的拥护;诚实守信用,就会得到别人的任用;做事勤敏,就会取得成功;处事公平,就会使大家高兴。

【注释】

〔1〕尧:传说中新石器时代我国父系氏族社会后期的部落联盟的领袖。他把君位禅(shàn善)让给舜。史称"唐尧"。后被尊称为"圣君"。参阅《泰伯篇第八》第二十章注。

〔2〕咨(zī资):感叹词。犹"啧啧"。咂嘴表示赞叹、赞美。

〔3〕舜:传说中受尧禅位的君主。后来,他又把君位禅让给禹。传说他眼睛有两个瞳仁,又名"重华"。参阅《泰伯篇第八》第二十章注。

〔4〕天之历数:天命。这里指帝王更替的一定次序。古代帝王常常假托天命,都说自己能当帝王是由天命所决定的。

〔5〕允:诚信,公平。执:掌握,保持,执守。中:正,不偏不倚,不"过"也无"不及"。

〔6〕"舜亦"句:"禹",传说中受舜禅位的君主。姒(sì四)姓,亦称"大禹"、"夏禹"、"戎禹",以治水名闻天下。关于舜禅位时嘱咐大禹的话,可参阅《尚书·大禹谟》。

〔7〕予小子履:商汤自称。"予",我。"小子",祭天地时自称,表示自己是天帝的儿子(天之子,天子)。"履",商汤的名字。商汤,历史上又称武汤,武王,天乙,成汤(或成唐),也称高祖乙。他原为商族领袖,任用伊尹执政,积聚力量,陆续攻灭邻近各小国,最后一举灭夏桀,建立了商朝,是孔子所说的"贤王"。敢:谦辞,犹言"冒昧"。含虔诚意。玄牡:"玄",黑色。"牡",公牛。宰杀后作祭祀用的牺牲。按此段文字又见《尚书·汤诰》,文字略有不同,可参阅。

〔8〕皇皇:大,伟大。后帝:"后",指君主。古代天子和诸侯都称"后",到了后世,才称帝王的正妻为后。"帝",古代指最高的天神。这里"后"和"帝"是同一个概念,指天帝。

〔9〕帝臣:天下的一切贤人都是天帝之臣。

〔10〕简:本义是检阅,检查。这里有知道,明白,清楚了解的意思。

〔11〕朕(zhèn振):我。古人不论地位尊卑都自称朕。从秦始皇起,才成为帝王专用的至尊的自称。

〔12〕大赉(lài赖):大发赏赐,奖赏百官,分封土地。

〔13〕"虽有"句:"周",至,最。"百姓",这里指各族各姓受封的贵族。传说商末就有八百个诸侯。此句又见《尚书·泰誓》,文字略有不同,可参阅。

〔14〕权:秤锤。指计重量的标准。量:量器。指计容积的标准。

〔15〕法度:指计量长度的标准。

〔16〕"所重"句:或断句作:"所重:民食,丧祭。"意为国家所要重视的是:人民的食用,丧葬祭祀。前者养生,后者送死。亦通。

〔17〕"信则"句:"民",疑当作"人",他人,别人。"任",任用。诚实守信就会得到他人任用。一说,"民",百姓。"任",信任。诚恳守信,就会

283

得到百姓信任。另说，汉代石经等一些版本无此五字，乃《阳货篇第十七》第六章文字而误增于此。

〔18〕说：同"悦"。高兴。本章文字，前后不连贯，疑有脱漏。风格也不同。前半章文字古奥，可能是《论语》的编订者引自当时可见的古代文献。从"谨权量"以下，大多数学者认为可能就是孔子所说的话了。

20.2 子张问于孔子曰："何如斯可以从政矣[1]？"子曰："尊五美，屏四恶[2]，斯可以从政矣。"子张曰："何谓五美？"子曰："君子惠而不费，劳而不怨，欲而不贪[3]，泰而不骄，威而不猛。"子张曰："何谓惠而不费？"子曰："因民之所利而利之，斯不亦惠而不费乎？择可劳而劳之，又谁怨？欲仁而得仁，又焉贪？君子无众寡，无小大，无敢慢，斯不亦泰而不骄乎？君子正其衣冠，尊其瞻视，俨然人望而畏之，斯不亦威而不猛乎？"子张曰："何谓四恶？"子曰："不教而杀谓之虐；不戒视成谓之暴；慢令致期谓之贼；犹之与人也，出纳之吝谓之有司[4]。"

【今译】

子张问孔子："如何就可以从政呢？"孔子说："要尊重五种美德，摒除四种恶政，就可以从政了。"子张说："什么叫五种美德？"孔子说："君子使百姓得到好处，自己却无所耗费；安排劳役，百姓却不怨恨；希望实行仁义，而不贪图财利；安舒矜持，而不骄傲放肆；庄重威严，而不凶猛。"子张说："怎样能使百姓得到好处，自己却无所耗费呢？"孔子说："顺着百姓所能得到利益之处而让百姓去获得利益，不就是使百姓得到好处而自己却无所耗费吗？选择百姓能干得了的劳役让他去干，谁还怨恨呢？希望实行仁义而得到了仁义，还贪求什么财利呢？君子无论人多人少，势力大势力小，都不敢轻慢，这不就是安舒矜持而不骄傲放肆吗？君子衣冠端正整齐，目光神色都郑重严肃，使人望而敬畏，这不就是庄重威严而不凶猛吗？"子张说："什么叫四种恶政？"孔子说："事先不进行教育，〔犯了错〕就杀，这叫虐；事先不告诫不打招呼，而要求马上做事成功，这叫暴；很晚才下达命令，却要求限期完成，这叫贼；同样是给人东西，拿出手时显得很吝啬，这叫有司。"

【注释】

〔1〕斯：就。

〔2〕屏（bǐng丙）：通"摒"。除去，排除，摈弃。

〔3〕欲而不贪：指其欲在实行仁义，而不在贪图财利。皇侃《论语义疏》："欲仁义者为廉，欲财色者为贪。"

〔4〕有司：本为官吏的统称。这里指库吏之类的小官，他们在财物出入时都要精确算计。从政的人如果这样，就显得吝啬刻薄而小家子气了。

20.3 孔子曰："不知命[1]，无以为君子也；不知礼，无以立也；不知言，无以知人也。"

【今译】

孔子说："不懂天命，就无法做君子；不懂礼，就无法立足于社会；不懂分析辨别别人的言论，就无法了解认识他人。"

【注释】

〔1〕命：命运，天命。儒家以为人在一生中的吉凶、祸福、生死、贫富、利害都是上天所主宰，都是与生俱来而命中注定的；人对之无可奈何无力改变。这是唯心主义的一种哲学观点。不过，孔子所说的"知命"，也包含有一些有积极意义的内涵，如提倡要面对现实，识时务；要了解与顺应客观事物发展规律而不应与之违背；要明确人生的道义与职责等。